FERRARİ'SİNİ SATAN BİLGE kitabı üzerine övgüler

"Ferrari'sini Satan Bilge bir hazine; gerçek başarı ve mutluluk için zarif ve güçlü bir formül. Robin S. Sharma yüzyılların bilgeliğini yakalamış ve onu bu karışık zamanlarla bağdaştırmış. Elinizden bırakamayacaksınız."

Joe Tye, *Never Fear, Never Quit*'in yazarı

"Muhteşem bir kitap. Robin S. Sharma sonraki Og Mandino'dur"

Dottie Walters, *Speak and Grow Rich*'in yazarı

"Kendini geliştirme konusuna bu yeni yaklaşım, uygulaması kolay öneriler veriyor."

The Liberal

"Yaşamınızı zenginleştirebileceğiniz dersleri paylaşan olağanüstü bir öykü."

Ken Vegotsky, *The Ultimate Power*'ın yazarı

"Tutkularınızı izlemeye ve düşlerinizi yaşamaya ilişkin bilgilerle dolu. İyi bir kitap!"

Justine ve Michael Toms, New Dimensions Radio'nun ortak kurucuları ve *True Work: The Sacred Dimensions of Earning a Living*'in ortak yazarları

"Robin Sharma basit bir felsefeyi yaşama dönüştürmenin klasik araçları arasına katılan büyüleyici bir öykü yaratmış. Yaşamınızı değiştirecek keyifli bir kitap."

Elaine St. James, *Hayatınızı Basitleştirin - Yeni Bir Yaşam Biçimi Oluşturmanın 100 Yolu*'nun yazarı

"Kişisel gelişim, kişisel verimlilik ve bireysel mutluluk alanlarına eğlenceli, büyüleyici, düşsel bir yolculuk. Herkesin yaşamını zenginleştirecek ve güzellikler katacak bilgelik hazineleriyle dolu"

Brian Tracy, *Maximum Achievement*'in yazarı

"Robin Sharma'nın hepimize önemli mesajları var; bir insan yaşamınızı değiştirebilir. Telaşlı bir çağda kişisel mutluluk için bir çeşit el kitabı yazmış"

Scott DeGarmo, *Success* dergisinin önceki yayıncısı

"Öğretirken keyif de veren, büyüleyici bir öykü."

Paulo Coelho, *Simyacı*'nın yazarı

GOA

Ferrari'sini Satan Bilge

ROBIN S. SHARMA

Daha fazla bilgi için
www.robinsharma.com

Türkçeye Çeviren : Osman Özkan
Editör : Pantha Nirvano
Redaktör : Müge Karalom
Genel Tasarım : Pınar Kazma

Bu kitap
Ajans Plaza Tanıtım ve İletişim Hizmetleri | www.ajansplaza.com
tarafından hazırlanmış ve | 0212.612 85 22
Kitap Matbaası'nda basılmıştır.
Davutpaşa Cad. Emintaş Kazım Dinçol San. Sit.
No: 81/21 Topkapı-İstanbul • 0212.501 46 36

GOA Basım Yayın ve Tanıtım Hiz. San. Tic. Ltd. Şti.
Akaretler Cad. BJK Plaza A Blok No: 27 Beşiktaş-İstanbul
Tel: (0212) 261 76 76 info@goa.com.tr

Bu dünyadaki iyi şeyleri
bana her gün anımsatan
oğlum Colby'ye...
Tanrı seni korusun.

TEŞEKKÜRLER

Ferrari'sini Satan Bilge birkaç çok özel insanın çabalarıyla meyvesini veren çok özel bir projeydi. Olağanüstü prodüksiyon ekibime, ilgi ve enerjileriyle bu kitaba dair hayallerimin gerçek olmasını sağlayan herkese, özellikle de Sharma Leadership International'daki aileme derinden müteşekkirim. Sizin kararlılığınız ve görev duygunuz beni derinden etkiledi.

Özel teşekkürlerimi sunuyorum:

- Yaşamlarını nasıl değiştirdiğini anlatmak için bana yazmaya zaman ayırma nezaketini gösteren ilk kitabım Mega Yaşam!ın binlerce okuyucusuna. Kuzey Amerika'daki açık seminerlerime katılan herkes kadar, çalışanlarına yönelik konuşma programlarıma mükemmel bir sponsor olan Sharma Leadership International'ın birçok kurumsal müşterisine.
- Editörüm John Loudon'a, kitabıma inandığın ve bana güvendiğin için. Ayrıca Margery Buchanan, Karen Levine ve HarperSanFrancisco'daki süper ekibin geri kalan üyelerine, bu projeye sarf ettikleri enerjileri için teşekkür ederim.
- Brian Tracy, Mark Victor Hansen ve kendine liderlik etme alanındaki diğer ekip arkadaşlarıma, katkıda bulunma nezaketini gösterdikleri için.
- Kathi Dunn'a, çarpıcı kapak tasarımı için. Timeless Wisdom for Self-Mastery için bize yaptığın tasarımdan daha iyisi olamaz diye düşünüyordum. Yanılmışım, bu daha da iyi.
- Satya Paul, Krishna ve Sandeep Sharma'ya, bana sürekli cesaret verdiğiniz için.
- Ve en çok da ilk günden itibaren bana rehberlik ve yardım eden harika anne ve babam, Shashi ve Shiv Sharma'ya; asil ve bilge ağabeyim Dr. Sanjay Sharma ve iyi kalpli eşi Susan'a; yanımda olduğu için kız kardeşim Bianca'ya; bana cesaret verdiği için oğlum Colby'ye; eşim ve en iyi arkadaşım Alka'ya. Hepiniz bana doğru yolu gösteren ışıklarsınız.

Yaşam benim için küçük bir mum değil. O elimde tuttuğum muhteşem bir meşale gibi ve onu gelecek nesillere geçirmeden önce olabildiğince çok ışık saçmasını istiyorum.

George Bernard Shaw

İÇİNDEKİLER

BİRİNCİ BÖLÜM

Uyanış Çağrısı

Kalabalık mahkeme salonunun tam ortasında yığılmış durumdaydı. O, ülkenin en seçkin avukatlarından biriydi. Bir dizi çarpıcı hukuki zaferinin yanı sıra bakımlı vücuduna giydiği üç bin dolarlık İtalyan takım elbiseleriyle de iyi tanınan bir adamdı. Orada, az önce tanıklık ettiğim şeyin şoku ile felç olmuş, öylece duruyordum. Büyük Julian Mantle bir kurbana indirgenmişti ve şimdi çaresiz bir bebek gibi yerde kıvranıyor, deli gibi sarsılıyor, titriyor ve terliyordu.

O andan sonra her şey ağır çekimde hareket ediyor gibi göründü. Stajyer avukatı, heyecanla "Tanrım, Julian'ın başı dertte!" diye bağırarak, duruma bakakalmış olan bizleri kendimize getirdi. Yargıç paniğe kapılmış görünüyordu ve hemen acil durum telefonuna sarılarak bir şeyler mırıldandı. Bense kafası karışmış ve sersemlemiş, öylece duruyordum. İçimden "Lütfen ölme yaşlı budala. Gitmek için daha çok erken. Böyle ölmeyi hak etmiyorsun" dedim.

Bir süre ayakta mumyalanmış gibi duran mübaşir aniden harekete geçti ve yerde yatan hukuk kahramanına suni solunum ile kalp masajı yapmaya girişti. Stajyer avukat da onun yanındaydı, uzun sarı bukleleri Julian'ın kıpkırmızı yüzüne doğru sarkmış, rahatlatıcı sözler söylüyordu; ancak onun bunları duyamadığı açıktı.

Julian'ı on yedi yıldır tanıyordum. Onunla ilk kez hukuk öğrencisi olduğum dönemde ortaklarından biri tarafından yaz için araştırma asistanı olarak işe alındığımda karşılaşmıştık. O zaman da her şeye sahipti. Büyük düşleri olan zeki, yakışıklı ve korkusuz bir avukat, firmanın genç yıldızıydı; mucizeler sergileyebilecek biriydi. Bir gece geç saatlerde çalışırken, köşedeki şahane ofisinin önünden geçtiğimde masif meşe masasının üzerinde duran çerçevelenmiş bir alıntı gözüme çarptı. Sözler Winston Churchill'e aitti ve Julian için söylenmiş gibiydiler.

> *Bugün eminim ki bizler yazgımızın efendileriyiz, bizden önce belirlenmiş olan bu görev gücümüzü aşmıyor; onun getireceği acılar ve güçlükler benim dayanıklılığımın üzerinde değil. Kendi nedenlerimize inandığımız ve aşılamaz bir kazanma azmimiz olduğu sürece zafer bizden esirgenmeyecektir.*

Julian da kendi yolundan yürüdü. Sert, zor ve yazgısı olduğuna inandığı başarıya ulaşmak için günde on sekiz saat çalışmaya istekli biriydi. Dedikodulardan büyükbabasının ünlü bir senatör, babasının da Federal Mahkeme'de saygı duyulan bir yargıç olduğunu duymuştum. Bu noktaya parayla geldiği ve Armani bürünmüş omuzlarında çok büyük beklentilerin yükü olduğu açıktı. Yine de bir şeyi itiraf etmeliyim; o kendi yarışını sürdürüyordu. İşleri kendi tarzıyla halletmeye kararlıydı ve bunu gösteriye dönüştürmeyi seviyordu.

Julian'ın şok edici mahkeme gösterileri sürekli gazetelerin ön sayfalarında yer alıyordu. Zenginler ve ünlüler ne zaman kavgacı bir tarafı da olan üstün bir hukuk taktikçisine ihtiyaç duysalar ona koşuyorlardı. Onun iş dışındaki yaşantısı da muhtemelen iyi biliniyordu. Gece geç saatlerde kentin en şık restoranlarına seksi genç modellerle yaptığı ziyaretler veya "yıkım ekibi" olarak adlandırdığı gürültücü bir borsacılar grubuyla pervasız içki kaçamakları firmada efsane haline gelmişti.

O ilk yaz savunduğu heyecanlı cinayet davasında birlikte çalışmak için neden beni seçtiğini hâlâ anlayabilmiş değilim. Onun da okuduğu Harvard Hukuk Fakültesi'nden mezun olmama rağmen, kesinlikle firmadaki en parlak stajyer değildim ve aile ağacımda soylu biri olduğuma dair işaret yoktu. Babam Deniz Kuvvetleri'ndeki görevinden sonra tüm yaşamını yerel bir bankada güvenlik görevlisi olarak geçirmişti. Annem Bronx'ta büyüyen alelade biriydi.

Yine de sonradan 'Tüm Cinayet Davalarının Anası' olarak anılacak bu olayda onun hukuki yardımcısı olma ayrıcalığını kazanmak üzere çokça lobi yapan diğerlerinin arasından beni seçti; "açlığımı" sevdiğini söylemişti. Kazandık elbette ve karısını vahşice öldürmekle suçlanmış olan müvekkilimiz artık özgür bir adamdı; ya da karmaşık vicdanı ona izin verdiği ölçüde özgür.

O yaz çok şey öğrenmiştim. Öğrendiklerim, yeteneği olan her avukatın yapabileceği bir şey olan, hiç var olmadığı halde makul bir kuşkunun nasıl ortaya çıkarılabileceğinden çok daha fazlasıydı. Bu, kazanma psikolojisi hakkında bir ders ve nadir bulunan bir ustayı iş başında izleme fırsatıydı. Bunları bir sünger gibi ta içime çektim.

Julian'ın daveti üzerine ortak olarak firmada kaldım ve aramızda çabucak kalıcı bir arkadaşlık gelişti. Onun birlikte çalışması en kolay avukat olmadığını söylemeliyim. Onun astı olmak çoğunlukla engelli koşu gibiydi, birçok kez gece geç saatlerde karşılıklı bağrışmalara neden oluyordu. Bu gerçekten onun yoluydu veya otobanı. Bu adam asla yanılıyor olamazdı. Ancak huysuz dış görünüşünün altında kesinlikle insanları önemseyen biriydi.

Ne kadar meşgul olursa olsun her zaman Jenny'nin hatırını sorardı, her ne kadar ben hukuk fakültesine gitmeden önce evlenmişsek de ona hâlâ 'Gelinim' diye seslenirdim. Julian maddi sıkıntı içinde olduğumu başka bir yaz asistanından öğrendiğinde cömert bir burs almamı sağlamıştı. Kuşkusuz en iyilerle rekabet edebilirdi ve mücadeleyi kesinlikle seviyordu, ama arkadaşlarını asla ihmal etmedi. Asıl sorun Julian'ın işkolik olmasıydı.

İlk yıllar uzun çalışma saatlerini "Firma için iyi olanı yapıyorum" diyerek savunurdu ve Cayman'larda bir ay tatil yapmayı planladığını söylerdi, "Gelecek kış mutlaka." Ancak zaman geçtikçe Julian'ın zekâsının ünü yayıldı ve iş yükü artmaya devam etti. Davalar giderek daha büyük ve daha iyi oldu ve Julian asla mücadeleden kaçacak biri olmadığından kendini daha çok ve daha çok zorlamayı sürdürdü. Meşgul olmadığı nadir zamanlarda, bir dosya üzerinde çalışmadığı için kendisini suçlamadan birkaç saatten uzun süre uyuyamadığını itiraf ederdi. Kısa süre içinde daha fazlasının açlığı ile yanıp tutuştuğunu açıkça gördüm; daha fazla prestij, daha fazla zafer, daha fazla para.

Beklenebileceği gibi, Julian son derece başarılı oldu. Çoğu kimsenin ancak düşleyebileceği her şeyi elde etti: Yıldızlara varan mesleki şöhret ile yedi basamaklı bir gelir, ünlülerin tercih ettiği bir semtte olağanüstü bir malikâne, özel bir jet, tropikal bir adada yazlık bir ev ve en değer verdiği varlığı; özel yolunun ortasına park ettiği parlak kırmızı bir Ferrari.

Ancak yüzeyden görünenin tersine her şeyin böyle rüya gibi olmadığını biliyordum. Yalnızca kavrayışım firmadaki diğerlerinden daha güçlü olduğu için değil, bu adamla en çok zaman geçiren kişi olduğum için de yaklaşan kötü sonun işaretlerini gözleyebildim. Her zaman birlikteydik, çünkü sürekli çalışıyorduk. İşler asla yavaşlayacak gibi görünmüyordu. Ufukta her zaman öncekinden daha büyük, bomba gibi bir dava vardı. Hiçbir hazırlık Julian için yeterli değildi. Yargıç şu soruyu ya da bu soruyu sorarsa ne olacaktı, Tanrı bağışlasın? Araştırmamız mükemmelden azsa neler olurdu? Mahkeme salonunun ortasında bir sürprizle karşılaşır, bir çift otomobil farının ışığına yakalanan bir geyik gibi bakakalırsa ne olurdu? Bu yüzden kendimizi sınıra kadar zorladık ve onun küçük, iş merkezli dünyasına ben de çekildim. Çoğu aklı başında insan evlerinde aileleriyle zaman geçirirken, biz, saatin iki kölesi, çelik ve camdan bir gökdelenin altmış dördüncü katında dünyayı elimizde tuttuğumuzu düşünerek, başarının aldatıcı görünümüyle körleşmiş halde canla başla çalışıyorduk.

Julian ile daha çok zaman geçirdikçe onun kendini daha derine gömmeye çalıştığını görebiliyordum. Bir tür ölüm arzusu duyar gibiydi. Hiçbir şey onu tatmin etmiyordu. Sonuçta evliliği yıkıldı, artık babasıyla konuşmuyordu, herhangi birinin isteyebileceği her türlü malvarlığına sahip olduğu halde aradığı şeyi hâlâ bulamamıştı. Bu duygusal, fiziksel ve ruhsal açıdan ortadaydı.

Elli üç yaşına geldiğinde yetmişlerinde gibi görünüyordu. Genelde yaşama "asla rehin alma" prensibiyle yaklaşması ve özelde dengesiz yaşam tarzının getirdiği muazzam stres nedeniyle yüzü kırışıklık içindeydi. Pahalı Fransız restoranlarında geç saatlerde yenen akşam yemekleri, kalın Küba puroları ve kadehlerce içtiği konyak onu rahatsız edici şekilde şişmanlatmıştı. Kendini sürekli hasta ve yorgun hissettiğini söylerdi. Espri anlayışını yitirmişti ve artık gülmüyordu. Julian'ın geçmişteki hevesli ruh hali ölümcül bir melankoliye dönüşmüştü. Kendi adıma, onun yaşamında amaç duygusunun tamamen ortadan kalktığını düşünüyordum.

Belki de en üzücü olan şey, mahkeme salonunda dikkatinin dağılmasıydı. Bir zamanlar orada bulunan herkesi konuşma sanatının incelikleriyle kurduğu sıkı bir kapanış konuşmasıyla şaşkına çevirirken, şimdi saatlerce sonuca varamıyor, mahkemenin gözünde davaya pek az katkısı olan ya da hiç olmayan anlaşılmaz olgulardan söz ederek konuyu dağıtıyordu. Eskiden diğer tarafın avukatının itirazlarına verdiği yanıtlarla onun bir hukuk dâhisi olduğunu düşünmesini sağladığı yargıcın sabrını test eden iğneleyici bir alaycılık sergilerdi. Oysa şimdi Julian'ın yaşam ışığı sönmeye başlamıştı.

Bu yalnızca onu mezara erken götürecek çılgın yaşamının eseri değildi. Bunun daha derinlerden geldiğini hissetmiştim. Bu ruhsal bir şey gibi görünüyordu. Hemen her gün, yapmakta olduğu şey için hiç tutku duymadığını ve boşluk hissiyle çevrelendiğini söylerdi. Julian daha genç bir avukatken, her ne kadar ailesinin sosyal konumu nedeniyle bunun içine itilmişse de hukuku gerçekten sevdiğini söylemişti. Hukukun karmaşaları ve entelektüel zorlukları onu kendine bağlamış ve enerjiyle doldurmuştu. Hukukun sosyal değişimi etkileme gücü ona esin kaynağı olmuş ve motive etmişti. O zamanlar Connecticut'lı herhangi bir zengin çocuktan daha fazlasına sahipti. Elinde gerçekten iyilik yapma gücünü görmüştü, bu tanrı vergisi yeteneği diğerlerinin sosyal iyileşmesine yardım için kullanabileceği bir araçtı. Bu bakış açısı yaşamına anlam katmıştı. Ona bir amaç vermiş ve umutlarını ateşlemişti.

Julian'ın çöküşünde mesleğiyle olan sorunlu ilişkisinden daha fazlası vardı. Ben firmaya girmeden önce büyük bir trajedi yaşamıştı. Kıdemli ortaklardan birine göre Julian'ın başına kimseye sözünü etmek istemediği bir şey gelmişti, ancak bu konuyu deşebileceğim birini bulamamıştım. Ritz-Carlton'ın barında, devasa ofisinden daha çok zaman geçiren çenesi düşük, yaşlı Harding bile bu sırrı asla açıklamayacağını söylemişti. Bu derin ve karanlık sır her neyse, Julian'ın içine düştüğü girdapta payı olduğu yönünde bir kuşkum var. Elbette biraz meraklı davranmıştım, ama her şeyin ötesinde ona yardım etmek istiyordum. O sadece hocam değil, benim en iyi arkadaşımdı.

Ve sonra olan oldu. Bu büyük kalp krizi, dâhi Julian Mantle'ı yere serdi ve onu ölümle yüzleştirdi. Yedi numaralı mahkeme salonunun tam ortasında, daha önce 'Tüm Cinayet Davalarının Anası'nı kazandığımız o salonda, bir Pazartesi sabahı.

İKİNCİ BÖLÜM

Gizemli Ziyaretçi

Tüm firma mensuplarının katıldığı bir acil toplantıdaydık. Toplantı büyük salonda yapıldığı için ciddi bir sorun olduğunu anlamıştım. Toplanan kalabalığa ilk konuşacak olan yaşlı Harding'di.

"Korkarım çok kötü haberlerim var. Julian Mantle, dün Atlantik Havayolları davası görülürken mahkeme salonunda ciddi bir kalp krizi geçirdi. Şimdi yoğun bakım servisinde, ama doktorları durumunun kontrol altına alındığını ve iyileşeceğini söylediler. Ancak Julian bir karar verdi ve sanırım bunu hepinizin bilmesi gerek. Ailemizden ayrılma kararı almış, hukuk çalışmalarını bırakacak. Firmaya dönmeyecek."

Şok geçirmiştim. Sorunlar yaşadığını biliyordum, ama bırakacağını asla düşünmemiştim. Ayrıca yaşadığımız onca şeyden sonra bunu ondan kişisel olarak duyma nezaketini hak ettiğimi düşünüyordum. Onu hastanede görmeme bile izin vermedi. Her uğradığımda hemşireye, uyuduğu için rahatsız edilmemesi talimatı verilmiş oluyordu. Telefonlarıma yanıt vermeyi bile reddetti. Belki ona unutmak istediği yaşamını hatırlatıyordum. Kim bilir? Ancak size bir tek şey söyleyeyim: Kırılmıştım.

Tüm bunlar üç yıldan biraz fazla bir zaman önce yaşanmıştı. Son duyduğum, Julian'ın bir tür keşif gezisi için Hindistan'a gittiğiydi. Ortaklardan birine yaşamını sadeleştirmek istediğini, "kimi yanıtlara ihtiyacı olduğunu" ve onları bu mistik ülkede bulmayı umduğunu söylemişti. Malikânesini, uşağını ve özel adasını elden çıkardı. Ferrari'sini bile satmıştı. "Julian Mantle, Hintli bir yogi?" diye düşündüm, "Yasa en gizemli şekillerde işliyor."

Bu üç yıl içinde, çok çalışan genç bir avukattan bıkkın, biraz sinik ve daha yaşlı bir avukata dönüştüm. Eşim Jenny ile bir ailemiz vardı. Sonuçta kendi anlam arayışıma başladım. Sanırım buna yol açan çocuğumuz olmasıydı. Onlar dünyaya ve benim onun üzerindeki rolüme bakış açımı kökten değiştirdi. Bunu babam, "John, ölüm döşeğindeyken isteyeceğin şey asla ofisinde biraz daha fazla zaman geçirmiş olmak olmayacak" sözleriyle en iyi şekilde ifade etmişti. Bu yüzden evde daha çok zaman geçirmeye başladım. Biraz sıradansa da oldukça keyifli bir varoluş biçimini benimsedim. Rotary Kulübü'ne üye oldum, ortaklarım ve müşterilerimi memnun etmek için cumartesileri golf oynamaya başladım. Ancak size şunu söylemeliyim ki kendimle baş başa kaldığım zamanlarda Julian'ı sıkça düşünür, firmadan beklenmedik şekilde ayrılmasından sonra neler yaşadığını merak ederdim.

Herhalde Hindistan'a yerleşmişti, bu ülke öyle farklı bir yerdi ki Julian'ınki kadar huzursuz bir ruh bile orada dinginliğe kavuşabilirdi. Veya belki Nepal'de seyahat ediyor, Caymanlar'da sualtına dalıyordu. Kesin olan bir şey vardı; resmi mesleğine geri dönmemişti. Hukuktan kendi isteğiyle uzaklaştıktan sonra hiç kimse ondan bir kartpostal bile almamıştı.

Yaklaşık iki ay önce çalan kapım kimi sorularıma ilk yanıtları getirdi. Yorucu bir günde tam son müvekkilimle görüşmemi tamamlamışken, akıllı biri olan asistanım Genevieve kapıdan küçük fakat şık döşenmiş ofisime kafasını uzattı. "Burada seni görmek isteyen biri var John. Acil olduğunu söylüyor ve seninle konuşmadan gitmeyecekmiş."

Duraksamadan cevap verdim, "Çıkmak üzereyim Genevieve Hamilton dosyasını bitirmeden önce bir şeyler atıştıracağım. Şu an kimseyi görecek vaktim yok. Ona herkes gibi randevu almasını söyle ve sana daha fazla sorun çıkarırsa güvenliği ara."

"Ama seni gerçekten görmesi gerektiğini söylüyor. 'Hayır'ı yanıt kabul etmiyormuş!"

Bir an güvenliği kendim çağırmayı düşündüm, fakat gerçekten muhtaç durumdaki biri olabileceğini düşünerek daha bağışlayıcı bir tavır takındım.

"Tamam, onu içeri gönder" diyerek geri adım attım, nasılsa işim olduğunu bahane edebilirdim.

Ofisimin kapısı yavaşça açıldı. Kapı ardına dayandığında otuzlu yaşlarının ortalarında, gülümseyen bir adam göründü. Uzun boylu, ince ve kaslıydı; canlılık ve enerji yayıyordu. Bana hukuk fakültesinde birlikte okuduğum şu mükemmel çocukları hatırlattı, mükemmel ailelerden gelen, mükemmel evleri, arabaları, mükemmel ciltleri olan. Fakat ziyaretçimde genç ve iyi görünüşünden fazlası vardı. Altta yatan huzuru ona neredeyse kutsal bir hava katıyordu. Ve gözleri. Delici mavi gözleri ilk tıraşı konusunda kaygılı bir yeni yetmenin taze ve esnek cildine değen bir jilet gibi beni bölüp geçiyordu.

"İşimi elimden almaya niyetli bir başka hızlı avukat" diye düşündüm kendi kendime. "Yüce tanrım, neden öylece orada durmuş bana bakıyor? Umarım geçen hafta kazandığım büyük boşanma davasında temsil ettiğim kadının eşi değildir. Belki güvenliği çağırmak o kadar da aptalca bir fikir değildi."

Genç adam sevdiği bir öğrencisini izleyen Buda gibi gülümseyerek bana bakmayı sürdürdü.Dayanılmaz sessizlik içinde geçen uzun bir aradan sonra şaşırtıcı biçimde emredici bir ses tonuyla konuştu:

"Tüm konuklarına böyle mi davranırsın John, hele sana mahkeme salonundaki başarının ilmini öğreten birine? Meslek sırlarımı kendime saklamalıydım" dedi, kendine güvenen bir gülümsemeyle.

"Julian? Bu sen misin? İnanamıyorum! Gerçekten sen misin?" Konuğumun güçlü kahkahası kuşkularımı doğruladı. Önümde duran genç adam uzun süredir kayıp olan şu Hintli yogiden başkası değildi: Julian Mantle. İnanılmaz değişimi karşısında şaşkına dönmüştüm. Eski meslektaşımın hayalete benzer rengi, hastalıklı öksürüğü ve cansız gözleri artık yoktu. Alameti farikası haline gelen yaşlı görünüşü ve hastalıklı hali gitmişti. Aksine, karşımda duran adam bana son derece sağlıklı görünüyordu, kırışıksız cildi ışıltılar saçarak parlıyordu. Parlak gözleri sıradışı canlılığına açılan bir pencereydi. Belki daha da hayret verici olan Julian'ın yaydığı huzurdu. Oturmuş onu izlerken kendimi tamamen rahat hissettim. Artık önde gelen bir hukuk firmasının "A-tipi" kıdemli ortağı olan sinirli adam değildi. Bunun yerine, karşımda değişimin genç, yaşam dolu ve gülümseyen bir modeli duruyordu.

ÜÇÜNCÜ BÖLÜM

Julian Mantle'ın Mucizevi Dönüşümü

İyileşmiş ve yenilenmiş Julian Mantle karşısında hayrete düşmüştüm.
İçimden kuşkuyla "Yalnızca birkaç kısa yıl önce yorgun ve yaşlı bir adam gibi görünen biri şimdi nasıl olur da böyle canlı ve yaşam dolu olabilir?" diye sordum, "Gençlik çeşmesinden büyülü bir ilaç içmesine izin mi verildi? Bu sıradışı dönüşümün nedeni ne olabilir?"

İlk konuşan Julian oldu. Bana, yalnızca fiziksel ve duygusal açıdan değil spiritüel açıdan da kendisine bu faturayı çıkaranın aşırı rekabetçi hukuk dünyası olduğunu anlattı. Hızlı yaşantı ve bitmeyen istekler onu yıpratmış ve hızla tüketmişti. Vücudunun çökmüş, zekâsının pırıltısını yitirmiş olduğunu itiraf etti. Geçirdiği kalp krizi daha derinde yatan sorunun yalnızca bir belirtisiydi. Bu birinci sınıf savunma avukatının üzerindeki sürekli baskı ve tüketici çalışma temposu, en önemli ve beklide en insani varlığını yitirmesine de yol açmıştı; ruhunu. Doktoru ya hukuktan ya da yaşamından vazgeçmesi konusunda bir ültimatom verdiğinde, gençliğinde sahip olduğu yaşam ateşini, hukuk daha az keyifli hale gelip daha çok işe dönüştükçe sönmüş olan o ateşi tekrar canlandırmak için altından bir fırsat gördüğünü anlattı.

Julian tüm malvarlığını nasıl sattığını ve Hindistan'a, kadim kültürü ile mistik gelenekleri onu hep büyülemiş olan bu ülkeye gidişini anlattıkça gözle görülür şekilde heyecanlanıyordu. Küçük bir köyden başka bir küçük köye, kimileyin yürüyerek kimileyin trenle yolculuk ederken gelenekleri öğrenmiş, sonsuz manzaraları görmüş, Hindistan'ın sıcaklık ve şefkat yayan insanlarına giderek artan bir sevgi duymuş ve yaşamın gerçek anlamına dair tazeleyici bir bakış açısı kazanmıştı. Hatta, çok az şeye sahip olan bu insanlar Batı'dan gelen bu yorgun misafire evlerini ve kalplerini açmışlardı. Bu büyüleyici ortamda günler haftaları kovaladıkça, Julian yavaş yavaş kendisini belki de çocukluğundan beri ilk kez yeniden canlı ve bütün hissetmeye başlamıştı. Doğal merakı ve yaratıcı zekâsı, heves ve yaşam enerjisiyle birlikte geri dönmüştü. Ve tekrar gülmeye başlamıştı.

Bu egzotik ülkede geçirdiği her anın keyfini çıkarmışsa da Julian bana bunun yorgun bir zihni dinlendirmek için yapılan basit bir tatilden fazlası olduğunu anlattı. Bu uzak ülkede geçirdiği zamanı "kendi benliğine yaptığı seyahat" olarak tanımlıyordu. Çok geç olmadan gerçekten kim olduğu ve ne için yaşadığını bulmaya karar vermişti. Bunun için önceliği daha yaşamaya değer, tatmin edici ve aydınlanmış bir yaşam sürmeye dair kadim bilgeliğe sahip kültürlerle tanışmaktı.

Julian "Anlattıklarım kulağa çok tuhaf gelsin istemem John, ama içimden bir komut aldım, bir ses bana kaybettiğim kıvılcımı yeniden ateşlemek için spiritüel bir yolculuğa başlamamı söylüyordu" dedi. "Bu benim için olağanüstü bir özgürleşme dönemiydi."

Araştırdıkça, yüz yıldan uzun yaşayan Hint bilgeleri hakkında daha fazla şey duyuyordu, bunlar ilerleyen yaşlarına karşın gençlik dolu, enerjik ve canlı bir yaşam sürdüren bilgelerdi. Yeni yolculuklar yaptıkça zihin kontrolü ve spiritüel uyanış sanatında ustalaşmış, yaşlanmayan yogiler hakkında daha çok şey öğrenmişti. Gördükleri çoğaldıkça insan doğasının bu mucizelerinin ardındaki dinamikleri daha iyi anlamış, onların felsefesini kendi yaşamına uygulamayı ummuştu.

Yolculuğunun ilk aşamalarında Julian tanınmış ve çok saygı duyulan birçok öğretmenle tanışmıştı. Her birinin onu açık kalplilikle kucakladığını, varlıklarını çevreleyen yüce konularda derin düşünceler ve sessizlik içinde geçirdikleri yaşamları boyunca edindikleri bilgi hazinelerini kendisiyle paylaştığını anlattı. Julian Hindistan'ın mistik manzarası boyunca yayılmış, asırların bilgeliğinin asil bekçileri olarak yükselen tarihi tapınakların güzelliğini de tarif etmeden geçmiyor, bu çevrenin kutsallığından ne kadar etkilendiğini itiraf ediyordu.

"Bu yaşamımın çok büyülü bir dönemiydi John. Sonunda ben yarış atından Rolex'ine kadar her şeyini satmış olan yorgun ve yaşlı bir avukattım ve geri kalanları Doğu'nun sonsuz geleneklerine doğru atıldığım macerada sürekli eşlikçim olacak büyükçe bir sırt çantasına doldurmuştum."

Merakımı yenemeyerek "Ayrılmak zor muydu?" diye sordum.

"Aslında yaşamım boyunca yaptığım en kolay şeydi. Çalışmaya ve tüm dünyevi işlere elveda demek bana doğal göründü. Albert Camus bir keresinde 'Geleceğe yönelik gerçek cömertlik şu an mevcut olan her şeyden vazgeçmeyi içerir' demiş. Evet, benim yaptığım da tam olarak buydu. Değişmem gerektiğini biliyordum, bu yüzden kalbimi dinlemeye ve bunu çok etkili bir biçimde yapmaya karar verdim. Geçmişimin yüklerini geride bıraktığımda yaşamım daha kolay ve anlamlı hale geldi. Yaşamın büyük zevklerini kovalamak için bu kadar çok zaman harcamayı bıraktığım anda ay ışığında gökte dans eden yıldızları izlemek veya güzel bir yaz sabahı güneş ışınlarıyla yıkanmak gibi küçük hazlardan mutluluk duymaya başladım. Üstelik Hindistan entelektüel açıdan o kadar uyarıcı bir yer ki geride bıraktıklarım nadiren aklıma geldi."

Bu egzotik kültürün bilge ve âlimleriyle ilk karşılaşmalar ilginçse de Julian'ın açlık duyduğu bilgiyi ona vermemişti. Yaşam kalitesini değiştireceğini umarak aradığı bilgelik ve pratik teknikler yolculuğunun bu ilk günlerinde ondan kaçmaya devam etmişti. Bu durum Julian'ın Hindistan'daki yedinci ayında yaşadığı ilk gerçek aydınlanmaya kadar da değişmemişti.

Himalayalar'ın eteklerinde uyur gibi duran antik ve gizemli eyalet, Keşmir'deyken Yogi Krishnan adlı biri ile karşılaşma şansını yakalamıştı. Saçları tamamen tıraşlı bu ufak tefek adam da 'önceki yaşamında' bir avukat idi ve bunu sıkça espri konusu yapıyordu. O da modern Yeni Delhi'nin karakteristik hızlı yaşam tarzından bıkarak maddi servetinden vazgeçmiş ve daha sade bir dünyaya çekilmişti. Köy tapınağının bakıcısı olan Krishnan, kendini tanımaya ve daha geniş bir perspektifte varoluş amacını bulmaya geldiği söylemişti.

Julian'a "Yaşamımı büyük, 'havalı bir matkap' gibi çalışarak geçirmekten yorulmuştum. Görevimin başkalarına yardım etmek ve bir şekilde bu dünyayı daha iyi bir yer yapmaya katkıda bulunmak olduğunu kavradım. Şimdi vermek için yaşıyorum" demişti. "Günlerimi ve gecelerimi bu tapınakta geçiriyor, sade fakat doygunluk veren bir yaşam sürüyorum. Öğrendiklerimi buraya dua etmeye gelen herkesle paylaşıyorum. Muhtaç olanlara hizmet ediyorum. Ben bir bilge değilim. Sadece kendi ruhunu bulmuş biriyim."

Julian bir avukatken yogiye dönüşen bu adama kendi öyküsünü anlatmıştı. Ün ve ayrıcalıktan oluşan önceki yaşamından söz etmişti. Yogi Krishnan'a servet açlığı ve çalışma saplantısından bahsetmişti. Yaşamının parlak ışığı dengesiz yaşam tarzının rüzgârıyla titreşmeye başladığında yaşadığı iç karışıklığı ve ruhsal krizi büyük bir samimiyetle ortaya sermişti.

Yogi Krishnan sempati ile "Ben de bu yoldan geçtim dostum. Senin hissettiğin acıyı ben de yaşadım. Ancak her şeyin bir nedeni olduğunu öğrendim" demişti. "Her olayın bir amacı ve her yenilginin verdiği bir ders vardır. Kişisel gelişim için kişisel, mesleki, hatta spiritüel anlamda olsun bir başarısızlık yaşamanın gerekliliğini kavradım. Geçmişinden asla pişmanlık duyma. Bunun yerine onu bir öğretmen olarak kabul et."

Julian bana, bu sözleri dinledikten sonra büyük bir sevinç duyduğunu söyledi. Belki de Yogi Krishnan'da aradığı akıl hocasını bulmuştu. Bir avukata daha dengeli, keyifli ve memnun edici bir yaşam yaratmanın sırlarını öğretmek için, eskiden başarılı bir avukat olan ve kendi spiritüel yolculuğunda daha iyi bir yaşamın yolunu bulmuş birinden daha iyisi olabilir miydi?

"Yardımına ihtiyacım var Krishnan. Daha verimli ve dolu bir yaşam sürmeyi öğrenmek için."

"Sana bu yolda yardım etmek bana onur verir" dedi yogi. "Ancak sana bir öneride bulunabilir miyim?"

"Elbette."

"Bu küçük köydeki bu tapınağın bakımı için çalıştığım süre boyunca, Himalayalar'da yaşayan gizemli bir grup bilgeye ilişkin söylentiler duydum. Efsaneye göre onlar insanın yaşam kalitesini büyük ölçüde iyileştiren bir çeşit sistem keşfetmişler, üstelik yalnızca fiziksel anlamda değil. Bunun zihin, vücut ve ruhun potansiyelini serbest bırakmaya yönelik kutsal ve ebedi bir prensipler ve teknikler bütünü olduğu söyleniyor.

Julian etkilenmişti, bu mükemmel görünüyordu.

"Bu bilgeler tam olarak nerede yaşıyor?"

"Kimse bilmiyor ve itiraf etmeliyim ki ben aramaya başlamak için fazla yaşlıyım. Ancak sana bir tek şey söyleyeceğim dostum; onları bulmayı pek çok kişi denedi ve bir çoğu başarısız oldu, hem de trajik sonuçlarla. Himalayalar'ın yüksek kesimleri akla gelmeyecek kadar tehlikelidir. En iyi dağcılar bile doğal engeller karşısında çaresiz kalır. Ama aradığın mükemmel sağlık, kalıcı mutluluk ve ruhsal tatmin ise ulaşmak istediğin bu bilgeliğe sahip olan ben değilim, onlar..."

Julian vazgeçen biri değildi, Yogi Krishnan'ı biraz daha

sıkıştırdı. "Onların nerede yaşadıkları konusunda hiçbir fikrin olmadığına emin misin?"

"Sana tüm söyleyebileceğim köyün yerlileri arasında 'Sivana'nın Büyük Bilgeleri' olarak bilindikleridir. Yerlilerin mitolojisinde Sivana 'aydınlanma vahası' anlamına gelir. Bu bilgeler yapıları ve etkileri açısından kutsal kabul edilirler. Onları nerede bulabileceğini bilseydim emin ol sana söylerdim. Ancak inan ki bilmiyorum, aslında kimse bilmiyor."

Ertesi sabah Hindistan güneşinin ilk ışıkları renkli ufukta dans etmeye başladığında Julian kayıp Sivana topraklarına yapacağı yolculuk için hazırlanmıştı. İlkin dağlara tırmanmasına yardım etmesi için bir Sherpa rehber tutmayı düşündü, ancak tuhaf bir biçimde içgüdüleri ona bunun tek başına yapılması gereken bir yolculuk olduğunu söylüyordu. Böylelikle belki de yaşamında ilk kez sağduyusunu zincirlerinden kurtardı ve sezgilerine güvendi. Güvende olacağını hissetti. Bir şekilde aradığını bulacağını biliyordu; bir adanmışlık coşkusuyla tırmanmaya başladı.

İlk birkaç gün kolaydı. Kimi zaman patikalarda yürürken belki bir yontu için ağaç parçası bulmaya çalışan ya da bu gerçeküstü yerin cennete ulaşacak gibi görünen yüksekliklerine tırmanmaya cesaret eden herkese sunduğu mabedi arayan aşağıdaki köyün neşeli sakinlerinden birine rastlayabiliyordu. Diğer zamanlarda yalnız yürüyor, bu süreyi sessizce, yaşamında nereye geldiğini ve şimdi nereye gitmekte olduğunu düşünerek geçiriyordu.

Aşağıdaki köyün, doğal ihtişamın bu fevkalade tablosunda küçük bir benek haline gelmesi uzun zaman almadı. Himalayalar'ın tepelerini kaplayan kar krallığı kalbinin daha hızlı çarpmasına ve nefesinin uzun süre kesilmesine neden oluyordu. Çevresindeki doğayla bir olduğunu hissetti; bu, iki arkadaşın birbirlerinin en içten düşüncelerini dinleyip ve birbirlerinin şakalarına gülerek geçirdikleri uzun yıllardan sonra hissedebilecekleri türden bir bağ gibiydi. Temiz dağ havası zihnini açtı ve ruhuna enerji verdi. Dünyayı birçok kez dolaşmış olan Julian her şeyi gördüğünü düşünürdü. Ama böyle bir güzellikle hiç karşılaşmamıştı. O büyülü anda içine çektiği bu güzellikler doğanın senfonisine mükemmel bir övgüydü. Kendini bir anda sevinçli, canlanmış ve tasasız hissetti. İşte burada, aşağıdaki köyün sırtlarında, Julian sıradanlığın kozasından yavaşça sıyrıldı ve sıradışının topraklarını keşfe başladı.

"Orada aklımdan geçeni hâlâ hatırlıyorum" dedi Julian. "Yaşamın, sonuçta tamamen seçimlerden ibaret olduğunu düşündüm. Birinin kaderi yaptığı seçimlerle belirleniyor ve ben yaptığım seçimin doğru olduğunu hissettim. Biliyordum ki yaşamım bir daha asla aynı olmayacak ve harika, hatta mucizevi şeyler yaşayacağım. Bu olağanüstü bir uyanış."

Julian bana Himalayalar'ın nadiren ayak basılan kesimlerine tırmandıkça bir gerilim hissetmeye başladığını anlattı. "Ama bu olumlu yönde bir heyecandı, sanki mezuniyet balosundaymışım veya medya heyecanlı bir davadan önce beni mahkeme salonunun basamaklarında izliyormuş gibi. Bir rehber ya da haritadan yararlanmasam da yolum açık ve kesindi, az kullanılan bir patika beni yükseklere, bu dağların en ücra yamaçlarına doğru götürüyordu. Beni yavaşça hedefime yönlendiren bir çeşit iç pusulaya sahip gibiydim. İstesem de tırmanmayı bırakabileceğimi sanmıyordum." Julian heyecanlanmıştı, sözcükler ağzından yağmurdan sonra dağdan akan bir sel gibi dökülüyordu.

Onu Sivana'ya götürmesi için dua ettiği rotada iki gün daha yürüyen Julian'ın düşünceleri önceki yaşamını sorguluyordu. Önceki dünyasını şekillendiren baskı ve gerginlikten tamamen kurtulduğunu hissetse de bundan sonraki günlerini avukatlık mesleğinin Harvard Hukuk Fakültesi'nden beri sunduğu entelektüel mücadele olmaksızın geçirip geçiremeyeceğini gerçekten merak ediyordu. En göz alıcı semtlerdeki en iyi restoranlara birlikte sıkça gittikleri eski arkadaşlarını düşündü. Değerli Ferrari'sini de düşündü ve motorunu çalıştırdığında otomobili yırtıcı bir kükremeyle sıçrayarak canlanınca kalbinin nasıl çarptığını.

Bu gizemli yerin derinliklerine yürüdükçe geçmişe dair düşünceleri, içinde bulunduğu anın hayret verici mucizeleriyle dağılıyordu. O doğanın zekâsının armağanlarını içine sindirirken ürkütücü bir şey oldu.

Yolun biraz ilerisinde, tuhaf şekilli, uzun, dalgalanan kırmızı bir cüppesi ve lacivert bir başlığı olan bir başka figürün durduğunu göz ucuyla fark etti. Julian ulaşması yedi tehlikeli gün süren bu ıssız yerde başka birini gördüğüne şaşırmıştı. Gerçek uygarlıktan kilometrelerce uzakta olduğu ve son hedefi olan Sivana'nın yerini hâlâ bilmediğinden bu dost görünüşlü yolcuya seslendi.

Figür yanıt vermeyi reddetti ve Julian'ı fark ettiğine dair bir tepki göstermeksizin arkasına bile bakmadan ikisinin de yürümekte olduğu yöne doğru adımlarını hızlandırdı. Gizemli yolcu az sonra koşmaya başlamıştı, kırmızı cüppesi rüzgârlı bir sonbahar günü bir çamaşır ipinde salınan ince pamuklu örtüler gibi arkasında zarifçe dans ediyordu.

Julian "Lütfen dostum, Sivana'ya gitmek için yardımına ihtiyacım var" diye seslendi, "Yedi gündür birazcık su ve yiyecek ile yolculuk ediyorum. Galiba kayboldum!"

Figür aniden durdu. Yolcu tamamen sessiz ve hareketsiz halde beklerken Julian ona yaklaştı. Başını oynatmıyordu, elleri hareket etmiyordu ve ayakları yerinde duruyordu. Julian başlığın altındaki yüzü göremiyordu, fakat yolcunun elinde tuttuğu sepetin içindekilere bakakaldı: Bunlar Julian'ın ömrü boyunca gördüğü en zarif ve en güzel çiçeklerdi. Julian yaklaştıkça figür elindeki sepeti daha sıkı kavradı, bu hem o güzel şeylere duyduğu sevginin hem de bu bölgede ancak çöldeki bir su damlası kadar ender rastlanabilecek bir batılıya karşı güvensizliğin göstergesiydi.

Julian yolcuyu büyük bir merakla süzdü. Bir an parlayan güneş başlığın altında bir erkeğin yüzü olduğunu ortaya çıkardı. Fakat Julian böyle bir adamı daha önce hiç görmemişti. En azından kendi yaşlarında olsa da bu adamın Julian'ı hipnotize edici, sonsuzluk gibi görünen etkisi karşısında durup bakakalmasına yol açan çarpıcı özellikleri vardı. Gözleri kedilerinkine benziyordu ve o kadar deliciydi ki Julian bakışlarını kaçırmak zorunda kaldı. Zeytin rengi cildi esnek ve düzgündü. Vücudu güçlü kuvvetli görünüyordu. Adamın elleri onun genç olmadığı gerçeğini açığa vuruyorsa da o kadar çok gençlik ve canlılık saçıyordu ki Julian gördükleri karşısında ilk kez bir sihirbazın gösterisini izleyen bir çocuk gibi büyülenmişti.

"Bu 'Sivana'nın Büyük Bilgeleri'nden biri olmalı" diye düşündü kendi kendine, ancak bu keşfine pek az sevinebildi.

"Adım Julian Mantle. Buraya Sivana Bilgelerinden bir şeyler öğrenmek için geldim. Onları nerede bulabileceğimi biliyor musunuz" diye sordu.

Adam Batı'dan gelen bu yorgun ziyaretçiye düşünceli bir ifadeyle baktı. Dinginliği ve huzuru, ışık saçan bir melek gibi görünmesine neden oluyordu

Adam yavaşça neredeyse fısıldayarak konuştu, "Bilgeleri neden arıyorsun dostum?"

Kendisinden önce birçoklarını savmış olan gizemli bilgelerden birini bulduğuna gerçekten inanan Julian kalbini açtı ve bu yolcuya kendi seyahatini anlattı. Önceki yaşamından ve atlattığı ruhsal bunalımdan, sağlık ve enerjisini hukuk mesleğinde kazandığı kısa süreli başarılar uğruna nasıl feda ettiğinden söz etti. Manevi değerlerini kabarık bir banka hesabına nasıl değiştiğini ve 'hızlı yaşa genç öl' yaşam biçiminin verdiği sahte mutluluğu anlattı. Gizemli Hindistan'daki seyahatlerinden ve yine iç denge ile kalıcı huzur bulma umuduyla eski yaşamına veda eden Yeni Delhi'li eski avukat Yogi Krishnan ile nasıl tanıştığından bahsetti.

Yolcu sessiz ve hareketsiz kalmayı sürdürüyordu. Julian aydınlanmış yaşamın kadim ilkelerini öğrenmek için yanıp tutuştuğunu, neredeyse saplantılı bir arzu duyduğunu söyleyene kadar da konuşmadı.

Ancak Julian'ın bu sözlerinden sonra adam bir elini onun omzuna koyarak hafifçe: "Daha iyi bir yolun bilgeliğine ulaşmayı gerçekten, kalpten istiyorsan eğer, sana yardım etmek benim görevimdir. Aslında ben bulmak için bu kadar uzağa geldiğin o bilgelerden biriyim. Tebrikler. Azmini takdir ediyorum. Gerçekten iyi bir avukatmışsın" dedi. Sonra ne yapacağını düşünerek kararsızlıkla bir an duraklayarak "İstersen konuğum olarak benimle tapınağımıza gelebilirsin" diyerek devam etti. "O bu dağların gizli bir bölgesinde ve varmamız saatler sürecek. Orada erkek ve kız kardeşlerim seni sevgiyle karşılayacaktır. Atalarımızın yüzlerce yıllık mirası olan kadim ilkeleri ve stratejileri sana hep birlikte öğreteceğiz."

"Seni özel dünyamıza götürmeden ve yaşamını daha fazla mutluluk, güç ve amaçla dolduracak bilgi birikimimizi paylaşmadan önce senden bir söz istemeliyim" dedi bilge. "Bu ebedi gerçekleri öğrendiğinde Batı'daki yurduna dönmeli ve sana sunulan bilgeliği ihtiyacı olan herkesle paylaşmalısın. Bu büyülü dağlarda izole olsak da sizin dünyanızın içinde bulunduğu kargaşadan haberdarız. İyi insanlar yollarını kaybediyor. Onlara hak ettikleri umudu vermelisin. Daha önemlisi düşlerini gerçekleştirmelerini sağlayacak araçları onlara sunmalısın. Tüm istediğim bu."

Julian bilgenin koşullarını hemen kabul etti değerli mesajlarını Batı'ya ileteceğine söz verdi. İki adam patikada daha yükseklere, kayıp Sivana köyüne doğru yola çıktıklarında Hindistan güneşi batmaya başlamıştı, ateşten kırmızı küre uzun ve yorucu bir günün ardından büyülü uykusuna yatıyordu. Julian bana tüm mucizeleri ve gizemleriyle birlikte bulmak için çok zaman harcadığı yere, kardeşçe bir sevgi duyduğu o yaşı olmayan Hint bilgeleriyle birlikte yürüdüğü anın görkemini asla unutamadığını anlattı.

"Bu Yaşamımın kesinlikle en hatırlanmaya değer anıydı" dedi. Julian her zaman yaşamın birkaç önemli anla biçimlendiğine inanmıştı. Bu da onlardan biriydi. Ruhunun derinliklerinde, bunun, sonraki yaşamının başlangıç noktası olduğunu hissetmişti, öncekinden çok daha fazla şey ifade eden bir yaşamın.

DÖRDÜNCÜ BÖLÜM

Sivana Bilgeleri İle Büyülü Karşılaşma

Bir dizi karmaşık patika ve otlarla kaplı yollarda uzun saatler yürüdükten sonra iki yolcu verimli, yeşil bir vadiye vardılar. Vadinin bir yanında Himalayalar'ın karla kaplı tepeleri onlara komutanlarının kaldığı yeri koruyan ciltleri rüzgârlardan sertleşmiş askerler gibi bekçilik ediyordu. Diğer yanda, çam ağaçlarından oluşan sık bir orman bu büyüleyici düş ülkesine doğanın mükemmel bir armağanıydı.

Bilge Julian'a baktı ve nezaketle gülümsedi "Sivana'nın Nirvana'sına[1] hoş geldin."

Sonra ikisi az kullanılan başka bir yolu izleyerek vadinin tabanını oluşturan sık ormanın içine girdiler. Çam ve sandal ağaçlarının kokusu serin ve taze dağ havasına karışıyordu. Julian şimdi ağrıyan ayaklarını dinlendirmek ve toprağı kaplayan nemli yosunları hissedebilmek için yalınayak yürüyordu. Ağaçların arasında dans eden zengin renkli orkideleri ve diğer güzel çiçekleri görünce şaşırdı, bu küçük cennet parçasının güzelliği ve görkemiyle bütünleşmiş gibiydi.

Julian uzaktan gelen konuşmalar duydu. Ses çıkarmaksızın bilgeyi izlemeyi sürdürdü. İki adam on beş dakika kadar yürüdükten sonra bir açıklığa vardılar. Karşısında gördüğü, tüm dünyayı gezmiş ve nadiren şaşıran Julian Mant-

1 Budizm'de yüce mutluluk. —Ç.N.

le'ın bile asla hayal edemeyeceği bir manzaraydı. Bütünüyle, yalnızca güllerden inşa edilmiş gibi görünen bir köy. Köyün merkezinde Julian'ın Tayland ve Nepal'e yaptığı seyahatlerde gördüklerine benzer bir tapınak vardı; ancak bu, çok renkli dallar ve saplarla birbirine tutturulmuş kırmızı, pembe ve beyaz çiçeklerden yapılmıştı. Geri kalan alana saçılmış küçük kulübeler bilgelerin sade evleri olmalıydı. Bunlar da güllerden yapılmıştı. Julian'ın dili tutulmuştu.

Köyde yaşayan bilgeler ise Julian'ın şimdi adının Yogi Raman olduğunu öğrendiği yol arkadaşına benziyordu. Yogi Raman, ona, Sivana Bilgelerinin en yaşlısı ve bu grubun liderli olduğunu anlattı. Bu düşsel koloninin sakinleri şaşırtıcı biçimde genç görünüyordu ve kendilerine güven duyarak bir amaç için hareket ediyor gibiydiler. Hiçbiri konuşmuyordu, bu yerin dinginliğine saygı göstererek sessizce görevlerini yapmayı seçmişlerdi.

Sayısı yaklaşık on kadar olan erkeklerin hepsi Yogi Raman'ınkine benzer kırmızı cüppeler giymişlerdi ve köye geldiklerinde Julian'a sessizce gülümsediler. Hepsi de sakin, sağlıklı ve derin bir mutluluk içinde görünüyordu. Modern dünyada çoğumuzu etkileyen gerginlik musibeti bu mutluluk zirvesinde kabul görmüyordu ve davetkâr bir hoş görüyle yer değiştirmişti. Aralarında yeni bir yüz görmeden uzun yıllar geçirmişlerse de bu insanlar konukseverliklerinde ölçülüydüler, onları bulmak için bu kadar uzun yol kat etmiş birine selamlarını sunmak için basit bir kap yemek ikram etmişlerdi.

Kadınlar da aynı derecede etkileyiciydi. Dalgalanan pembe ipek sarileri içinde ve beyaz lotuslarla süslenmiş simsiyah saçlarıyla günlük işlerini yapmak üzere köyde sıradışı bir çeviklikle dolaşıyorlardı. Ancak bu bizim toplumumuzda insanların yaşamlarının neredeyse tamamını kaplayan çılgınca çalışma hali değildi. Aksine onlarınki rahat ve zarifti. Kimileri Zen-benzeri bir konsantrasyon ile tapınakta festival için yapıldığı anlaşılan hazırlıklarla uğraşıyordu. Diğerleri yakacak odun ve zengin renklerle işlenmiş kilimler taşıyordu. Hepsi üretici bir eylemlilik içindeydi. Hepsi mutlu görünüyordu.

Sonuçta, Sivana Bilgelerinin yüzleri yaşam tarzlarının gücünü ortaya koymaktaydı. Olgun yetişkinler oldukları açıktı, ancak hepsi de çocuksu bir tazelik saçıyor, gözleri gençliğin canlılığıyla parlıyordu. Hiçbirinde kötü kırışıklar yoktu. Saçları ağarmamıştı. Hiçbiri yaşlı görünmüyordu.

Yaşadıklarına inanmakta güçlük çeken Julian'a taze meyveler ve egzotik sebzelerden oluşan bir yemek ikram ettiler, sonradan öğreneceği üzere, bu diyet bilgelerin sahip olduğu değerli bir hazine olan ideal sağlığın anahtarlarındandı. Yemekten sonra Yogi Raman kalacağı yere kadar Julian'a eşlik etti: Bu küçük bir yatak ile boş bir günlüğün bulunduğu, çiçeklerle bezeli bir kulübeydi. Burası onun yakın gelecekteki evi olacaktı.

Julian, Sivana'nın büyülü dünyasına benzer bir yeri daha önce asla görmemişse de kendisini bir şekilde evine, uzun zaman öncesinden hatırladığı bir cennete dönmüş gibi hissetti. Güllerden yapılmış olan bu köy nedense ona pek yabancı gelmemişti. İçgüdüleri ona buraya ait olduğunu söylemişti, en azından bir süre için. Burası hukuk mesleği ruhunu çalmadan önce sahip olduğu yaşam ateşinin yeniden canlanacağı yerdi, incinmiş olan ruhunun yavaşça iyileşmeye başlayacağı bir yer. Böylece Julian'ın Sivana Bilgeleri arasındaki yaşamı başladı. Bu sadelik, huzur ve denge dolu bir yaşamdı. Yakında iyi şeyler olacaktı.

BEŞİNCİ BÖLÜM

Bilgelerin Spiritüel Öğrencisi

Büyük hayalperestlerin düşleri asla gerçekleşmez, onlar her zaman daha fazlasını ister.

Alfred Lord Whitehead

Saat 20.00 olmuştu ve hâlâ yarınki duruşma için hazırlanmalıydım. Ama, Hindistan'daki bu fevkalade bilgelerle karşılaşıp onların öğrencisi olduktan sonra yaşamı dramatik biçimde değişen bu eski hukuk savaşçısının deneyimleri beni büyülemişti. Ne kadar hayret verici diye düşündüm ve ne kadar sıradışı bir dönüşüm! Julian'ın bu uzak dağlarda saklı olan o yerde öğrendiği sırlar benim yaşam kalitemi de yükseltip yaşadığımız dünyaya dair mucize anlayışımı yeniden canlandırabilir mi diye düşündüm içimden. Julian'ı dinledikçe kendi ruhumun da paslanmaya yüz tutmuş olduğunu fark ettim. Gençliğimde yaptığım her işte ortaya koyduğum sıradışı tutkuya ne olmuştu? O zamanlar en basit şeyler bile bana keyif verirdi. Belki benim için de geleceği tekrar çizme zamanı gelmişti.

Serüven karşısında duyduğum heyecanı ve bilgelerin ona aktardığı aydınlanmış yaşam sistemini öğrenme arzumu hisseden Julian öyküsünü anlatmaya devam etti. Keskin zekâsıyla birleşen öğrenme arzusundan söz etti; uzun yıllar boyunca mahkeme salonlarındaki mücadeleleriyle bilenen zekâsı onu Sivana topluluğunun sevilen bir üyesi yapmıştı.

Bilgeler Julian'a duydukları sevginin bir işareti olarak sonunda onu topluluklarının onur konuğu kabul etmiş ve geniş ailelerinin ayrılmaz bir parçası gibi davranmışlardı.

Julian kendini kontrol etme ustalığını kazanmak üzere akli, bedensel ve ruhsal eğitim çalışmalarına dair bilgilerini artırma hevesiyle neredeyse her anını Yogi Raman'dan bir şeyler öğrenmeye çalışarak geçirmişti. Aralarında yalnızca birkaç yaş fark olduğu halde bu bilge Julian için öğretmenden çok bir baba haline gelmişti. Bu adamın birçok yaşamın bilgeliğini biriktirdiği, daha iyisi bunları Julian ile paylaşmak istediği açıktı.

Yogi Raman bu hevesli öğrencisini gün ağarmadan yanına oturtup zihnini yaşamın anlamına ilişkin bilgilerle dolduruyor, daha canlı, yaratıcı ve doyurucu bir yaşam sürme konusunda ustası olduğu az bilinen teknikleri öğretiyordu. Julian'a herkesin daha uzun yaşamak, genç kalmak ve çok daha mutlu olmak için kullanabileceğini söylediği kadim ilkeleri öğretmişti. Julian Batı dünyasındaki yaşamını şekillendiren krizlerle kaosa dönmesini önleyecek olan kişisel bilgelik ve kendi sorumluluğunu alma çifte disiplinini de öğrenmişti. Haftalar ayları kovaladıkça kendiyle barışık olmak, aydınlanmayı beklemek ve daha yüksek amaçlara hizmet etmenin hazine değerindeki potansiyelini anlamaya başlamıştı. Kimi zaman öğretmen ve öğrencisi birlikte öylece oturup parlak Hindistan güneşinin çok aşağılardaki koyu yeşil otlaklardan doğuşunu izliyorlardı. Kimi zaman sessizce meditasyon yaparak dinginlikle gelen armağanların mutluluğunu yaşıyorlardı. Kimi zaman da ormanlarında dolaşarak felsefi konuları tartışıyor ve birbirlerinin varlığından duydukları mutluluğu paylaşıyorlardı.

Julian Sivana'da geçirdiği üç kısa haftanın ardından kişisel gelişimine ilişkin ilk işaretin geldiğini anlattı. En sıradan şeylerdeki güzelliği fark etmeye başlamıştı. Bu ister yıldızlı bir gece, ister yağmurdan sonra bir örümceğin ağ örüşü olsun; Julian tümünü özümsüyordu. Ayrıca yeni yaşam biçimi ve bununla ilişkili yeni alışkanlıklarının iç dünyasında büyük bir etki göstermeye başladığını söyledi. Bana, bilgelerin ilke ve tekniklerini uygulamaya başladığı ilk ay içinde Batı'da yaşadığı uzun yılların olumsuz etkilerinden sıyrılmaya, derin bir dinginlik ve iç huzuru kazanmaya başladığını anlattı. Daha neşeli ve içten biri olmuş, her geçen gün daha enerjik ve yaratıcı duruma gelmişti.

Julian'ın davranışlarındaki bu değişiklikleri fiziksel canlılık ve spiritüel güç izlemişti. Eski aşırı kilolu vücudu güçlü ve ince bir görünüm kazanırken yüzündeki hastalıklı solgunluk yerini mükemmel sağlık pırıltılarına bırakmıştı. Gerçekten kendisini her şeyi ama her şeyi başarabilirmiş ve hepimizin içinde bulunduğunu öğrendiği sonsuz potansiyeli açığa çıkarmış gibi hissediyordu. Yaşama saygı duyar ve yaşamın her yanındaki kutsallığı fark eder duruma gelmişti. Bu gizemli bilge topluluğunun kadim sistemi mucizelerini göstermeye başlamıştı.

Julian sanki kendi öyküsüne inanmazmış gibi bir an duraksadıktan sonra filozofça bir tavır takındı. "Çok önemli bir şeyi kavradım John. Dünya, benim iç dünyam da dahil olmak üzere çok özel bir yer. Ayrıca kendi iç dünyanda başarılı olmadıkça dışarıdaki başarının hiçbir anlamı olmadığını anlamış bulunuyorum. İyi olmakla hali vakti yerinde olmak arasında çok büyük bir fark var. Sıkı bir avukat olduğum zamanlarda iç ve dış dünyalarını iyileştirmeye çalışan insanları alaya alırdım. 'Yaşamana bak' diye düşünürdüm. Ancak birinin kendisini bulması ve düşlerini yaşayabilmesi için kendini kontrol etmenin yanı sıra zihin, vücut ve ruhuna da sürekli özen göstermesinin zorunlu olduğunu öğrendim. Kendine bile özen göstermezken başkalarına nasıl gösterebilirsin? Kendin iyi hissetmezken nasıl iyilik yapabilirsin? Kendimi sevmezsem başkalarını da sevemem" dedi.

Julian aniden sinirli ve huzursuz göründü. "Daha önce kalbimi kimseye böyle açmamıştım. Bunun için özür dilerim John. O dağlarda öyle bir arınma, evrenin güçlerine dair öyle bir aydınlanma yaşadım ki bildiklerimi başkalarının da öğrenmesi gerektiğini düşünüyorum."

Julian geç olduğunu fark ederek çabucak gitmesi gerektiğini söyleyip veda etmeye kalkışınca"Şimdi gidemezsin Julian" dedim. "Himalayalar'da edindiğin bilgeliğe ve öğretmenlerine Batı'ya taşımak için söz verdiğin mesaja ilişkin çok daha fazla şey duymayı gerçekten çok istiyorum. Beni merak içinde bırakamazsın, biliyorsun buna dayanamam."

"Kesinlikle geri döneceğim dostum. Beni bilirsin bir kez güzel bir öykü anlatmaya başlarsam duramam. Ama senin yapılacak işlerin ve benim de ilgilenmem gereken özel konular var."

"O halde tek bir şey söyle. Sivana'da öğrendiğin yöntemler benim için de işe yarar mı?"

"Öğrenci hazır olduğunda öğretmen gelir" diye yanıtladı çabucak. "Sen ve toplumumuzdaki diğer birçokları şimdi elimde tutma ayrıcalığına sahip olduğum bilgeliğe hazır. Bilgelerin felsefesinden hepimiz haberdar olmalıyız. Bundan hepimiz yararlanabiliriz. Hepimiz onların doğal hali olan mükemmeliyeti tanımalıyız. Sabırlı ol. Seninle yarın senin evinde buluşacağım. Yaşamına çok daha fazla canlılık katmak için bilmen gereken her şeyi anlatacağım. Anlaştık mı?

"Evet. Sanırım bunca yıl onsuz yaşadıysam yirmi dört saat daha beklemek beni öldürmez" diye yanıtladım hayal kırıklığı ile.

Böylece, Doğu'nun aydınlanmış yogisine dönüşmüş olan usta avukat beni cevaplanmamış sorular ve karışık düşünceler içinde bırakarak gitti.

Ofisimde sessizce otururken dünyanın gerçekten ne kadar küçük olduğunun ayırtına vardım. Henüz ulaşamadığım ne kadar çok bilgi olduğunu düşündüm. Yaşamdan tekrar zevk almaya başlamanın ve gençliğimde sahip olduğum merak duygusuna tekrar kavuşmanın nasıl olacağını düşündüm. Kendimi daha canlı hissetmeyi ve yaşamıma gem vurulmamış bir enerji katmayı çok istiyordum. Belki ben de hukuk mesleğini bırakmalıydım. Belki benim içinde yukarıdan gelen bir çağrı vardı. Aklımda bu ağır düşüncelerle ışıkları söndürdüm ofisimin kapısını kilitledim, dışarıya, bir başka sıcak yaz gecesinin içine yürüdüm.

ALTINCI BÖLÜM

Kişisel Değişimin Bilgeliği

Ben bir yaşam sanatçısıyım; benim sanat eserim yaşamımdır.

Suzuki

Julian sözünü tutarak sonraki akşam bana geldi. Saat yedi sularında, ön kapının hızlıca dört kez vurulduğunu duydum, Cape Cod tarzı evimizin, eşimin onu Architectural Digest dergisinden çıkmış gibi gösterdiğine inandığı, çirkin pembe panjurları var. Julian önceki güne göre oldukça farklı görünüyordu. Hâlâ sağlık saçıyor ve harikulade bir dinginlik hissi veriyor; sade giysileri biraz tuhaf geldi bana.

Esnekliği her halinde belli olan vücudunun üzerine geçirdiği şey tepesinde süslü işlemeli mavi bir başlık olan uzun, kırmızı bir cüppeydi. Terletici bir temmuz akşamında olduğumuz halde bu mavi başlığı kafasına geçirmişti.

"Selamlar dostum" dedi Julian coşkuyla.

"Selamlar."

"Öyle şaşkın bakma, ne giymemi bekliyordun, Armani mi?"

Önce ikimizde gülümsedik. Sonra kıkırdamalar kahkahalara dönüştü. Julian çok önceden beri beni eğlendiren espri anlayışından kesinlikle bir şey kaybetmemişti.

Benim dağınık ama sıcak oturma odamda biraz rahatladıktan sonra gözlerim boynunda sallanan tahta tespih boncuklarından yapılmış süslü kolyeye takıldı.

"Bunlar nedir? Gerçekten güzeller."

"Bundan sonra bahsederim" dedi, boncukları parmakları arasında ovalayarak. "Bu gece konuşacak çok şeyimiz var."

"O halde başlayalım. Bugün görüşeceğimiz için o kadar heyecanlıydım ki ofisteki işlerimi zorlukla tamamladım."

Beklediği işareti alan Julian hemen kişisel dönüşümü ve bu sayede sahip olduğu mutluluk hakkında daha fazla şey anlatmaya koyuldu. Öğrendiği kadim tekniklerin, zihnin kontrolüne ve karmaşık toplumumuzda birçoklarını tüketen kaygı alışkanlığını silmeye yönelik olduğunu anlattı. Yogi Raman ve diğer bilgelerin onunla paylaştığı daha amaçlı ve doyurucu bir yaşam sürme bilgeliğinden söz etti. Hepimizin içinde, derinlerde saklı olduğunu söylediği gençlik ve enerji kaynağını ortaya çıkarmaya yönelik bir dizi yöntemden bahsetti.

Sözlerinin saflığına inanmakla birlikte biraz şüpheci olmaya başlamıştım. Bir şakanın kurbanı mıydım? Her şey bir tarafa bu Harvard eğitimli avukat bir zamanlar firmada haylazca şakalarıyla tanınırdı. Öte yandan öyküsü biraz tuhaftı. Bunun üzerinde düşünmeliydim; ülkenin en tanınmış avukatlarından biri havlu atıyor, dünya mallarını satıyor ve spiritüel bir yolculuk için Hindistan'a gidiyor, Himalayalar'dan geriye bilge bir kâhin olarak dönüyor. Bu gerçek olamazdı.

"Haydi Julian. Benimle alay etmeyi bırak. Tüm bu öykü senin şakalarından biri gibi kokmaya başladı. Bahse varım bu cüppeyi ofisimin olduğu caddedeki kostüm dükkânlarının birinden aldın" dedim en çekingen gülümseyişimle.

Julian inanmazlığım beklediği bir şeymiş gibi hemen yanıt verdi. "Mahkemede davanı nasıl savunursun?"

"İnandırıcı deliller sunarım."

"Doğru. Sana sunduğum delile bak. Düzgün, kırışıksız cildime bak. Fiziğime bak. Sahip olduğum enerjiyi hissetmiyor musun? Ne kadar huzurlu olduğumu fark etmiyor musun? Eminim değiştiğimi görebilirsin."

Söylediği mantıklıydı. Bu adam yalnızca birkaç yıl önce onlarca yıl daha yaşlı görünüyordu.

"Plastik cerrahi geçirmedin değil mi?"

"Hayır" diyerek gülümsedi. "Onlar sadece dış görünüşle ilgilenir. Benim içimin de iyileşmeye ihtiyacım vardı. Dengesiz ve kaotik yaşam tarzım bana büyük bir stres yüklüyordu. Yaşadığım şey bir kalp krizinden çok daha fazlasıydı. Özde bir yırtılmaydı bu."

"Ama öykün, o kadar... gizemli ve alışılmamış ki."

Julian ısrarım karşısında dinginliğini ve sabrını korudu. Yanındaki masaya bıraktığım çaydanlığı görerek bardağıma çay doldurmaya koyuldu. Bardağı ağzına kadar doldurdu; ama sonra da doldurmaya devam etti! Çay, bardağın kenarlarından tabağa ve oradan da eşimin İran işi değerli örtüsüne akmaya başladı. İlkin sessizce izledim. Ama sonra dayanamadım.

"Julian ne yapıyorsun. Bardağım taşıyor. Ne kadar denesen de daha fazla dolduramazsın!" diye bağırdım sabırsızca.

Uzun bir süre bana baktı. "Lütfen yanlış anlama. Sana saygı duyarım John. Her zaman böyleydi. Ama tıpkı bu bardak gibi sende kendi fikirlerinle dolmuş görünüyorsun. Şimdi daha fazlasını nasıl alabilirsin... ilkin bardağını boşaltmadan?"

Bu sözlerin doğruluğuyla çarpılmıştım. Haklıydı. Muhafazakâr hukuk dünyasında geçirdiğim uzun yıllar boyunca her gün aynı şeyleri, hep aynı şeyleri düşünen insanlarla yaparak bardağımı ağzına kadar doldurmuştum. Eşim Jenny, bana hep yeni insanlarla tanışmamız ve yeni şeyler keşfetmemiz gerektiğini söyler, "Biraz daha maceracı olsan John" derdi.

En son ne zaman hukukla ilgili olmayan bir kitap okuduğumu hatırlayamıyordum. İşim benim yaşamımdı. İçinde yetiştiğim kısır dünyanın yaratıcılığımı köreltti̇ğini ve görüşümü sınırladığını fark etmeye başladım.

"Tamam. Ne demek istediğini anlıyorum" diye itiraf ettim. "Belki avukat olarak geçirdiğim onca yıl beni hayli kuşkucu yaptı. Seni dün ofisimde gördüğüm andan itibaren içimden bir şey bana dönüşümünün gerçek olduğunu söylüyor ve bunda benim için de bir tür ders var. Belki sadece buna inanmak istemedim."

"John, bu senin yeni yaşamının ilk gecesi. Senden sadece seninle paylaşacağım bilgelik ve stratejiler hakkında derinlemesine düşünmeni ve bunları bir ay süreyle inanarak uygulamanı istiyorum. Bu yöntemleri etkilerine derinden güvenerek uygula. Varlıklarını binlerce yıl korumuş olmalarının bir nedeni var; işe yarıyorlar."

"Bir ay uzun bir zaman gibi görünüyor."

"Bundan sonraki yaşamının her anını çok büyük ölçüde iyileştirmek için altı yüz yetmiş iki saat harcamanın iyi bir alışveriş olacağını düşünmüyor musun? Kendine yatırım, yapabileceğin en iyi yatırımdır. Bu yalnızca senin değil çevrendekilerin yaşamını da iyileştirecek."

"Nasıl olacak bu?"

"Başkalarını yalnızca kendini sevme sanatında ustalaştığında gerçekten sevebilirsin. Başkalarının kalplerine yalnızca kendi kalbini açtığında ulaşabilirsin. Dengeli ve canlı hissettiğinde daha iyi bir insan olmak için çok daha iyi bir konumda olursun."

"Bir ayı oluşturan bu altı yüz yetmiş iki saat içinde ne olmasını beklemem gerekiyor?" diye sordum içtenlikle.

"Zihnin, vücudun ve hatta ruhun için yaptığın çalışmalar sırasında yaşayacağın değişiklikler seni şaşırtacak. Şu anda ve belki de tüm yaşamında sahip olduğundan daha fazla enerji, istek ve iç uyuma erişeceksin. İnsanlar sana daha genç ve mutlu göründüğünü söyleyecek. Kalıcı bir iyi hissetme durumu ve denge, yaşamını süratle değiştirecek. Bunlar Sivana Sistemi'nin yararlarından sadece kimileri."

"Vay!"

"Bu gece duyacaklarının tümü yaşamını iyileştirmek için tasarlanmıştır, yalnızca kişisel ve mesleki değil spiritüel anlamda da. Bilgelerin önerileri beş bin yıl önce olduğu gibi şimdi de güncelliğini koruyor. Bu, yalnızca iç dünyanı zenginleştirmekle kalmayacak, dış dünyanı da geliştirecek ve yaptığın her şeyde daha verimli olmanı sağlayacak. Bu bilgelik gerçekten gördüğüm en büyük güç. Basit, kolay ve üstelik yaşam laboratuvarında yüzyıllarca test edilmiş. En önemlisi herkes için işe yarayabilir. Bu bilgiyi seninle paylaşmadan önce senden bir söz istemeliyim."

Duyacaklarımı tahmin edebiliyordum, sevgili annemin söylediği gibi "Bedava yemek yok."

Bana, "Sivana Bilgelerince öğretilen strateji ve becerilerin gücünü ve bunların yaşamına kazandırdığı çarpıcı sonuçları bir kez gördüğünde, bu bilgeliği ondan yararlanabilecek olan diğerlerine aktarmayı görev kabul etmelisin. Senden tüm istediğim bu. Kabul edersen Yogi Raman'a verdiğim sözü yerine getirmiş olacağım" dedi.

İtirazsız onayladım ve Julian kutsal kabul ettiği sistemi bana öğretmeye başladı. Julian'ın Himalayalar'da kaldığı süre içinde ustalık kazandığı teknikler farklılık gösterse de Sivana Sistemi'nin özünde yedi temel erdem bulunuyordu, bunlar kendine liderlik etme, kişisel sorumluluk ve spiritüel aydınlanma için anahtarları içeren yedi temel ilkeydi.

Julian bana, Yogi Raman'ın, yedi temel erdemi Sivana'da geçirdiği birkaç ayın ardından kendisiyle paylaştığını anlattı. Berrak bir gecede diğerleri derin uykuya çekildiğinde Raman, Julian'ın kaldığı kulübenin kapısını yavaşça vurmuştu. Düşüncelerini müşfik bir kılavuzun sesiyle dile getirmişti: "Seni günlerce yakından izledim Julian. Yaşamını iyilikle doldurmayı derinden isteyen ahlaklı bir insan olduğuna inanıyorum. Geldiğin günden beri kendini geleneklerimize açtın ve onları kendininmiş gibi benimsedin. Birçok günlük alışkanlık edindin ve bunların olumlu etkilerini gördün. Yaşama şeklimize saygılı oldun. Bizim insanlarımız bu sade, huzurlu yaşamı yüzyıllardır sürdürüyor ve yöntemlerimizi bilenlerin sayısı pek az. Dünyanın aydınlanmış yaşama ilişkin felsefemizi duyması gerek. Bu gece, Sivana'daki üçüncü ayına girerken sistemimizin iç dünyaya ilişkin öğretilerini seninle paylaşacağım, sadece senin değil geldiğin yerlerde yaşayan herkesin yararlanabilmesi için. Her gün bir süre seninle oturup konuşacağız, henüz küçük bir çocukken oğlumla yaptığım gibi. O ne yazık ki birkaç yıl önce öldü. Zamanı gelmişti ve ben gidişini sorgulamadım. Birlikte geçirdiğimiz zamandan keyif aldım ve anılarımıza saygı duyuyorum. Şimdi seni oğlum olarak görüyorum ve sessiz bir düşünüşle geçen uzun yıllar boyunca öğrendiklerimin senin içinde yaşamaya devam edeceğini bilmek bana mutluluk veriyor."

Julian'a baktım ve gözlerinin ona sunulan bilgilerle yıkandığı masalsı topraklara geri dönmüş gibi kapalı olduğunu gördüm.

"Yogi Raman bana iç huzur, mutluluk ve ruh zenginliği ile dolu bir yaşam için gerekli yedi erdemden söz edilen bir öykü anlattı. Bu öykü her şeyin özüydü. Şimdi senin oturma odanda yaptığım gibi gözlerimi kapatmamı istedi. Sonra zihnimde şu sahneyi canlandırmamı söyledi."

'Muhteşem, verimli ve yeşil bir bahçenin ortasında oturuyorsun. Bu bahçe gördüğün en olağanüstü çiçeklerle bezenmiş. Ortam son derece sakin ve sessiz. Bu bahçenin duyusal hazlarını içine çek ve tüm zamanını bu doğal vahada geçirebileceğini düşün. Çevrene baktığında bahçenin ortasında altı kat yüksekliğinde kırmızı bir fener kulesi görüyorsun. Kulenin giriş kapısının büyük bir gürültü çıkararak açılmasıyla bahçenin sessizliği aniden bozuluyor. Dışarıya üç metre boyunda üç yüz elli kilo ağırlığında bir Japon sumo güreşçisi fırlıyor.'

"Dahası var" diye güldü Julian. "Bu Japon sumo çıplak! Peki, tamamen çıplak değil. Özel bölgelerini örten ince pembe bir kordon var."

'Sumo, bahçede dolaşırken birinin yıllar önce bıraktığı altın bir kronometre buluyor. Kronometreye basıp kayıyor ve büyük bir gürültüyle yere düşüyor. Sumo bilincini yitiriyor, yerde sessiz ve hareketsiz yatıyor. Sen tam son nefesini verdiğini düşünürken güreşçi belki de orada açan sarı güllerin güzel kokusuyla uyanıyor. Enerjisini toplayan güreşçi ayağa zıplıyor ve bir içgüdüyle soluna bakıyor. Gördükleri karşısında şaşkınlığa kapılıyor. Bahçenin en uzak ucundaki çalılığın içinden geçen milyonlarca parlak elmasla kaplı uzun bir patika bulunmaktadır. Bir şey güreşçiye bu patikayı izlemesini söylemiş gibidir ve o da böyle yapıyor. Patika onu tükenmeyen sevinç ve sonsuz mutluluk yoluna götürüyor.'

Julian bana Himalayalar'ın yüksek tepelerinde, aydınlanmanın meşalesini ilk elden görmüş olan bir bilgenin yanında oturur halde bu tuhaf masalı dinledikten sonra düş kırıklığına uğramış olduğunu söyledi. Açıkçası çarpıcı bir şeyler duymayı, onu harekete geçirecek, hatta belki gözyaşlarına boğacak bir bilgi edinmeyi ummuştu. Bunun yerine tüm dinlediği bir sumo güreşçisi ve fener kulesiyle ilgili aptal bir öyküydü.

Yogi Raman ümitsizliğini fark etmiş, ona, "Sadeliğin gücünü asla küçümseme" demişti.

"Bu öykü belki senin beklediğin kadar sofistike bir söylev değil" demişti bilge, "Ama mesajında bir duyarlılık evreni ve amacında saflık var. Geldiğin günden beri bilgilerimizi seninle nasıl paylaşacağımı uzun uzun düşündüm. İlkin sana bir ay boyunca bir dizi erdemi anlatmaya karar verdim fakat bu klasik yaklaşımın senin aradığın ve edinmek üzere olduğun bilgeliğin büyülü doğasına uymadığını fark ettim. Sonra tüm erkek ve kız kardeşlerimden felsefemizi öğretmeleri için her gün seninle biraz zaman geçirmelerini istedim. Ancak bu da anlatmak istediğimizi öğrenmenin en iyi yolu değildi. Uzun süre düşündükten sonra tüm Sivana Sistemi ve onun yedi erdemini paylaşmak için çok yaratıcı ve bir o kadar da etkili olduğunu düşündüğüm bir yol buldum... işte bu gizemli öykü odur."

Bilge ekledi, "İlkin önemsiz, hatta çocukça görünebilir. Ancak seni temin ederim öykünün her öğesi parlak bir yaşam için ebedi bir ilkeyi barındırıyor ve derin bir anlamı var. Bahçe, fener kulesi, sumo güreşçisi, pembe kuşak, kronometre, güller, elmaslarla kaplı dolambaçlı patika, aydınlanmış bir yaşam için gerekli yedi ebedi erdemdir. Yine, emin ol ki bu küçük öykü ve onun temsil ettiği temel gerçekleri hatırlarsan yaşamını en üst seviyeye çıkarmak için gereken her şeyi yanında taşıyor olacaksın. Senin ve ulaştığın herkesin yaşam kalitesini büyük ölçüde iyileştirmek için gerekli bilgi ve stratejilerin tümüne sahip olacaksın. Bu bilgileri her gün uygularsan değişeceksin; zihinsel, duygusal, fiziksel ve spiritüel bakımdan. Bu öyküyü zihninin derinlerine yaz ve onu kalbinde taşı. Onu yalnızca koşulsuz benimsediğinde çarpıcı bir değişiklik yaratacaktır."

"Şanslıyım ki John" dedi Julian, "Onu benimsedim. Carl Jung bir keresinde 'Görüşünüz yalnızca kalpten bakabildiğinizde berraklaşır. Dışarı bakanlar düş kurar, içe bakanlar uyanış yaşar' demiş. O çok özel gecede kalbimin derinliklerine baktım ve yüzyılların zihni zenginleştirmeye, vücudu geliştirmeye ve ruhu beslemeye ilişkin sırlarını kavradım. Şimdi bunları seninle paylaşma sırası bende."

YEDİNCİ BÖLÜM

En Harikulade Bahçe

Çoğu insan fiziksel, entelektüel veya ahlaki açıdan olsun kendi potansiyel varlıklarının çok azını kapsayan dar bir çemberde yaşar. Hepimiz içinden hayal bile etmediğimiz şeyleri çekip çıkarabileceğimiz yaşam sarnıçlarına sahibiz.

William James

"Öyküde bahçe, aklın simgesiydi" dedi Julian. "Ona özen gösterir, besleyip güçlendirirsen tıpkı verimli ve zengin bir bahçe gibi beklentilerinin çok ötesinde güzel çiçekler açar. Ama yabancı otların kök salmasına izin verirsen kalıcı huzur ve derin iç denge senden hep uzaklaşacaktır."

"John, sana basit bir soru sorayım. Bana hep sözünü ettiğin arka bahçene gelip, değerli petunyalarının üzerine zehir boşaltsaydım hiç hoşuna gitmezdi, değil mi?"

"Elbette."

"Doğaldır ki çoğu bahçıvan bahçesini gururlu askerler gibi korur ve çiçeklerine hiçbir zararlı maddenin bulaşmasına izin vermez. Şimdi bir de çoğu kimsenin kendi verimli bahçeleri olan zihinlerine her gün soktukları zehirli atıklara bak; endişeler ve kaygılar, geçmişle barışık olmamak, geleceğe karamsar bakmak ve kendi iç dünyalarında yıkıma yol açan kendi yarattıkları korkular. Sivana Bilgelerinin binlerce yıldır varolan yerel dilinde kaygıyı simgeleyen harf ölülerin yakıldığı ateşi simgeleyene çarpıcı şekilde benzer. Yogi Raman bana bunun basit bir rastlantı olmadığını söylemişti. Kaygı zihin gücünün büyük kısmını tüketir ve er ya da geç ruhu yaralar."

"En verimli şekilde yaşamak için bahçenin kapısında bir koruyucu gibi durmalı ve yalnızca en iyi bilgilerin içeri girmesine izin vermelisin. Olumsuz düşünce lüksüne gerçekten sahip değilsin, bir tekine bile. Bu dünyadaki en keyifli, dinamik ve doygun insanlar donanım açısından senden ve benden hiç farklı değiller. Hepimiz etten ve kemikten ibaretiz. Hepimiz aynı evrensel kaynaktan geliyoruz. Ancak yalnızca varolmak dışında bir şeyler yapanlar, insani potansiyellerinin ateşini canlı tutanlar ve yaşamın büyülü dansının zevkini çıkaranlar sıradan yaşamları olan bizlerden farklı şeyler yapıyorlar. Yaptıkları bu şeyler arasında en önemlisi, dünyalarındaki her şeye karşı pozitif bir yaklaşımı benimsemektir."

Julian, "Bilgeler bana, ortalama bir insanın zihninden bir günde ortalama altmış bin düşünce geçtiğini söylemişti" diye ekledi. "Beni gerçekten şaşırtan şey, bu düşüncelerden yüzde doksan beşinin bir önceki gün düşündüklerimizle aynı oluşuydu."

"Ciddi misin?" diye sordum.

"Hem de nasıl. Kısır düşünme şeklinin yarattığı baskı bu. Her gün, çoğu olumsuz olmak üzere aynı şeyleri düşünen insanlar kötü zihinsel alışkanlıklara kapılırlar. Yaşamlarındaki onca iyi şeye odaklanmak ve bunları daha da iyileştirmeye çalışmak yerine, geçmişlerinin tutsağı olmuşlardır. Kimileri başarısız ilişkileri ve maddi problemleri nedeniyle kaygılıdır. Diğerleri mükemmel olmayan çocukluklarına öfkelidir. Bir kısmı daha da önemsiz konular yüzünden mutsuzdur; bu bir tezgâhtarın onlara davranışı veya iş arkadaşlarının kötü niyetle yaptığı bir yorum da olabilir. Zihinlerini bu biçimde çalıştıranlar kaygının yaşam güçlerini alıp götürmesine izin verirler. Zihinlerinin mucizeler gerçekleştirme ve tüm duygusal, fiziksel ve evet, hatta spiritüel beklentilerini karşılamaya yönelik muazzam potansiyelini bloke ederler. Bu insanlar zihin kontrolünün yaşamın kontrolü olduğunu asla anlayamazlar.

Julian, "Düşünme şeklin alışkanlıktan kaynaklanır, bu kadar basit" dedi inançla. "Çoğu kimse zihinlerinin büyük gücünü hiç fark etmez. En deneyimli düşünürlerin bile zihinsel kapasitelerinin yalnızca on binde birini kullandıklarını öğrendim. Sivana'da bilgeler düzenli olarak zihinsel kapasitelerinin gizli potansiyelini keşfetmeyi denerlerdi. Aldıkları sonuçlar çarpıcıydı. Yogi Raman düzenli ve disiplinli çalışmayla zihnini kalp atışlarını yavaşlatabilecek şekilde geliştirmişti. Kendisini haftalarca uyumadan ayakta kalabilecek şekilde eğitmişti. Hedef olarak bunları seçmeni öneriyor değilim, ancak doğanın en büyük armağanı olan zihinsel gücün neleri başarabileceğini görmeye başlamanı istiyorum."

"Zihinsel gücümü açığa çıkarabileceğim birtakım egzersizler var mı? Kalp atışlarımı yavaşlatabilmek bir kokteyl partide kesinlikle çok sükse yapardı" dedim düşüncesizce.

"Şimdi sırası değil John" dedi. "Daha sonra denemen için sana bu kadim bilimin gücünü gösterecek kimi pratik teknikleri öğreteceğim. Şimdi önemli olan zihinsel ustalığın çalışmayla geldiğini anlaman, ne fazla ne de eksik. Çoğumuz ilk nefes aldığımız andan itibaren aynı hammaddeye sahibiz; daha fazlasını elde eden ve daha mutlu olan kimseleri diğerlerinden ayıran, bu hammaddeleri işlemek için kullandıkları yöntemdir. Kendini iç dünyanı değiştirmeye adadığında yaşamın bir çırpıda sıradanlıktan uzaklaşarak olağanüstü bir boyut kazanır."

Öğretmenim o an daha da heyecanlanmış görünüyordu. Zihnin mucizeleri ve bunların getireceğine kuşku olmayan sayısız iyiliklerden söz ettikçe gözleri parlıyordu.

"Biliyorsun John, her şey bir yana, üzerinde mutlak bir şekilde egemen olduğumuz tek bir şey var."

"Çocuklarımız mı?" dedim gülümseyerek.

"Hayır dostum, zihinlerimiz. Hava durumunu, trafiği ya da çevremizdekilerin duygularını kontrol edemeyebiliriz. Ama bu olaylar karşısındaki tavrımızı kesinlikle kontrol edebiliriz. Belirli bir anda ne düşüneceğimizi belirleme gücüne hepimiz sahibiz. İnsanı insan yapan biraz da bu yetenektir. Görüyorsun Doğu'ya yaptığım seyahatlerde öğrendiğim dünyevi bilgeliğin temel değerlerinden biri aynı zamanda en yalın olanı" diyerek sanki paha biçilmez bir armağan verecekmiş gibi durdu.

"Peki nedir bu?"

"Objektif gerçeklik veya 'gerçek dünya' diye bir şey yok. Hiçbir şey mutlak değil. En büyük düşmanının yüzü en iyi arkadaşının yüzü olabilir. Birine trajedi olarak görünen bir hadise bir başkasına sınırsız olanaklar sunabilir. Hep neşeli ve iyimser olan insanları sürekli bedbaht olanlardan ayıran şey, yaşam koşullarının nasıl yorumlandığı ve değerlendirildiğidir."

"Julian, bir trajedi nasıl trajediden başka bir şey olabilir?"

"Sana hemen örnek vereyim. Kalküta'da seyahat ederken Malika Chand adında bir öğretmenle tanıştım. Öğretmeyi seviyordu ve öğrencilerine kendi çocukları gibi davranıyor, onların potansiyellerini büyük bir şefkatle besliyordu. Düsturu 'İraden zekândan üstündür' idi. Çevresinde vermek için yaşayan, gereksinimi olan herkese fedakârca yardım eden biri olarak tanınıyordu. Ne yazık ki kuşaklar boyu çocukların mutlu gelişimine sessizce tanıklık etmiş olan sevgili okulu bir gece bir kundakçının çıkardığı yangına teslim olmuştu."

"Malika'ya ne oldu?"

"O farklıydı, iyimserliğini sonsuza kadar koruyacak biri varsa bu Malika'ydı. Çevresindeki herkesin tersine olup biten her şeyde bir fırsat görürdü. Öğrencilerinin ailelerine yeterli zaman ayırırlarsa her tersliğin eşdeğer bir yarar sağladığını görebileceklerini anlatmıştı. Tamamen yanan okul eski ve yıpranmıştı. Çatı akıyordu, zemin üzerinde koşuşturan binlerce küçük ayağın baskısı altında eğri büğrü olmuştu. Bu, topluluk olarak el ele verip gelecek yıllarda daha birçok çocuğa hizmet verecek, çok daha iyi bir okul inşa etmek için bir şanstı. Böylelikle arkalarında altmış dört yıllık bir dinamo ile kolektif kaynaklarını doğru şekilde kullanıp zorluklar karşısında vizyonun gücüne örnek teşkil eden, pırıl pırıl yeni bir okul inşa etmeye yetecek para topladılar."

"Bu bir bardağı yarı boş yerine yarı dolu görmeye ilişkin eski özdeyişi hatırlatıyor."

"Bu güzel bir bakış açısı. Yaşamında başına ne gelirse gelsin buna vereceğin yanıtı seçme kapasitesine yalnızca sen sahipsin. Her koşulda pozitifi arama alışkanlığı geliştirirsen yaşam kaliten en yüksek düzeyine ulaşacaktır. Bu tüm doğa yasalarının en muhteşem olanlarından biridir."

"Ve her şey zihnini daha verimli kullanmakla başlıyor?"

"Kesinlikle John. Yaşamdaki tüm başarılar, maddi ya da spiritüel anlamda olsun, omuzlarının arasındaki yaklaşık bir buçuk kiloluk kütleyle başlıyor. Veya daha spesifik olarak her gün, her dakika ve her saniye zihninde oluşan düşüncelerle. Dış dünyan iç dünyandaki durumu yansıtır. Düşüncelerini ve yaşamındaki olaylara tepki verme biçimini kontrol etmekle, kaderini kontrol etmeye başlarsın."

"Bu çok anlamlı Julian. Sanırım yaşamım o kadar dolu ki bu şeyleri düşünecek zamanı hiç bulamadım. Hukuk fakültesindeyken arkadaşım, en yakın arkadaşım Alex ona esin veren kitaplar okumayı severdi. Bunların ezici çalışma temposuna karşı onu motive ettiğini ve enerji verdiğini söylerdi. Bir keresinde Çince'de 'kriz' sözcüğünün iki alt simgeden oluşan bir karakterle yazıldığını söylemişti. Bunlardan biri 'tehlike' diğeri 'fırsat' anlamına gelmekteydi. Sanırım eski Çinliler bile en karanlık koşulların aydınlık bir yanı olduğunu biliyorlarmış; arayacak cesaretin varsa..."

"Yogi Raman bunu şöyle anlatmıştı: 'Yaşamda hatalar yoktur, yalnızca dersler vardır. Olumsuz deneyim diye bir şey de yoktur, yalnızca kendi bilgeliğini kazanma yolunda olgunlaşmak, öğrenmek ve ilerlemek için fırsatlar vardır. Güçlükten güç doğar. Acı bile mükemmel bir öğretmendir.

"Acı mı?" diye itiraz ettim.

"Kesinlikle. Acının üstesinden gelmek için önce onu yaşaman gerekir. Ya da başka bir deyişle bir dağın zirvesinde olmanın keyfini önce eteklerinde yürümeden nasıl yaşayabilirsin. Beni anlıyor musun?"

"İyiden zevk almak için kötüyü tanımalısın?"

"Evet. Ama sana, olayları iyi veya kötü biçiminde değerlendirmeyi bırakmanı öneririm. Bunun yerine basitçe, onları yaşa, onları kutla ve onlardan ders al. Her olay sana dersler verir. Bu küçük dersler iç ve dış gelişimini ateşleyecektir. Bunlar olmadan hiç ilerleme kaydedemez durumda bir düzlükte takılı kalırsın. Şimdi kendi yaşamını düşün. Çoğu kimse en büyük gelişimi karşılaştıkları en büyük güçlüklerle kazanmışlardır. Beklenmedik bir sonuçla karşılaşır ve biraz düş kırıklığı yaşarsan anımsa ki doğa yasaları bir kapıyı kaparken her zaman bir başkasını açar."

Julian heyecanla kollarını yukarı kaldırdı; cemaatine vaaz veren Güneyli bir rahip gibiydi. "Bu ilkeyi bir kez kalıcı olarak yaşamına geçirdiğinde ve zihnini her olayı olumlu ve sana güç veren bir şekle sokacak biçimde geliştirdiğinde kaygıyı sonsuza dek kovacaksın. Geçmişinin tutsağı olmayı bırakacaksın. Bunun yerine geleceğinin mimarı olacaksın."

"Tamam bu kavramı anladım. Her deneyim, hatta en kötüsü bile bana bir ders verir. Bu nedenle zihnimi her olaydan bir şey öğrenmek için açık tutmalıyım. Böylelikle daha güçlü ve mutlu olacağım. Bu sıradan, orta sınıf avukatın bir şeyleri iyileştirmek için yapabileceği başka neler var?"

"Her şeyden önce yaşamını düş gücünün zenginliğine yönlendirmelisin, geçmişin değil."

"Şunu bir daha anlatır mısın?"

"Tüm söylediğim zihin, vücut ve ruhunun potansiyelini serbest bırakmak için önce düş gücünü geliştirmen gerektiği. Görüyorsun ki her şey her zaman iki kez yaratılıyor; ilkin zihin atölyende ve sonra gerçekte. Bu süreci 'taslak hazırlama' olarak adlandırıyorum, çünkü dış dünyada yaptığın her şey iç dünyanda bir taslak olarak başlıyor, zihninin parlak ekranında. Düşüncelerini kontrol etmeyi ve bu dünyevi varoluştan tam bir beklenti içinde istediklerini zihninde güçlü bir şekilde canlandırmayı öğrendiğinde içindeki gizli güçler uyanacaktır. Hak ettiğine inandığım büyülü yaşamı var etmek için zihninin gerçek potansiyelini açığa çıkarmaya başlayacaksın. Bu geceden itibaren geçmişini unut. Mevcut koşullarının toplamından daha fazlasına gücünün yeteceğini düşleme cesaretini göster. En iyiyi bekle. Sonuçlar seni şaşırtacak."

Julian kısa bir sessizlikten sonra devam etti:

"Şimdi John, hukuk mesleğinde geçirdiğim onca yıl boyunca çok fazla şey bildiğimi düşündüm. En iyi okullarda eğitim görüp tüm hukuk kitaplarını okuyarak, en başarılı rol modellerinin yanında iş yaşamına atılabildim. Elbette hukuk oyununda kazanan ben oldum. Ancak şimdi anlıyorum ki bu sırada yaşam oyununda kaybediyordum. Yaşamın büyük zevklerinin peşinde koşmakla o kadar meşguldüm ki küçük mutlulukların tümünü elimden kaçırdım. Babamın bana okumamı söylediği muhteşem kitapların hiçbirini okumadım. Güçlü arkadaşlıklar kurmadım. Güzel müzikten zevk almayı hiç öğrenemedim. Bunları söylemişken, gerçekten şanslı biri olduğumu da düşünüyorum. Geçirdiğim kalp krizi benim için bir dönüm noktasıydı, buna kişisel bir uyanış çağrısı de istersen. İster inan ister inanma bu bana daha zengin, daha esin dolu bir yaşam sürmek için ikinci bir şanstı. Malika Chand gibi ben de acı verici deneyimlerimde fırsat tohumları gördüm. Daha önemlisi bunları geliştirme cesaretini buldum."

Julian'ın dış görünüşünde gençleşirken içinde daha akıllı biri haline geldiğini görebiliyordum. Bu akşamın eski bir arkadaşla yapılan enteresan bir konuşmadan daha fazlası olduğunu fark etmiştim. Bu gece benim dönüm noktam ve açıkça yeni bir başlangıç için fırsatım olabilirdi. Kuşkusuz mükemmel bir ailem ve saygı gören bir avukat olarak düzenli bir işim vardı. Ancak kendimle baş başa kaldığım anlarda eksik bir şeyler olduğunu düşünüyordum. Yaşamımı kuşatmaya başlayan bu boşlukları doldurmalıydım.

Çocukken büyük düşler kurardım. Kendimi bir başarılı bir sporcu veya büyük bir işadamı olarak hayal ederdim sıkça. Ne istersem olabileceğime veya elde edebileceğime gerçekten inanıyordum. Güneşle yıkanan batı sahillerinde geçirdiğim gençliğimde neler hissettiğimi de hatırlıyorum. Mutluluk küçük zevkler halinde gelirdi. Eğlence mayosuz yüzmek veya ormanda bisiklete binmekti. Yaşama karşı büyük bir merak duyuyordum. Bir maceracıydım. Geleceğimin getirebileceklerinin sınırı yoktu. Doğrusu bu tür bir özgürlük ve mutluluğu on beş yıldır hissetmedim. Bana ne olmuşu?

Belki de bir yetişkin olup yetişkinlerden beklenen biçimde davranmaya başladığımda düşlerimi kaybettim. Onları belki de hukuk fakültesine başlayıp bir avukattan beklenecek biçimde konuşmaya başladığımda yitirdim. Ne olursa olsun bu akşam Julian yanımda oturur ve bir bardak soğuk çayın üzerinden bana kalbini açarken para kazanmak için bu kadar çok zaman harcamayı bırakıp bir yaşam yaratmak için çok daha fazla zaman ayırmaya karar verdim.

"Seni yaşamın üzerine düşünmeye ittim gibi görünüyor" dedi Julian. "Bir değişiklik yapma konusunda düşünmeye başladın, tıpkı küçük bir çocuk olduğun zamanlardaki gibi. Jonas Salk, 'Düşlerim ve kâbuslarım vardı. Düşlerim için kâbuslarımın üstesinden geldim' sözleriyle bunu en güzel şekilde ifade etmiş. Düşlerinin pasını sil John. Yaşama tekrar saygı göstermeye başla ve onun tüm mucizelerini kutla. Zihninin isteklerini gerçekleştirme gücünü fark et. Bunu bir kez yaptığında evren yaşamına mucizeler katmak için senin yanında olacak."

Sonra Julian cüppesinin derinlerine uzanarak küçük bir kart çıkardı. Bu kenarlarının aşınmasından uzun süredir kullanılmakta olduğu anlaşılabilecek yaklaşık bir kartvizit boyutlarında bir karttı.

"Bir gün Yogi Raman ve ben sessiz bir patika boyunca yürürken ona en beğendiği filozofun kim olduğunu sordum. Bana yaşamında pek çok şeyden etkilendiğini ve bunun için tek bir kaynak göstermenin güç olduğunu söyledi. Ancak kalbinin derinliklerinde taşıdığı bir alıntı vardı; derin dalınçlar içinde geçen yaşamı boyunca saygı duyduğu tüm değerleri içinde barındıran sözlerdi bunlar. Bilinmeyen topraklardaki bu muhteşem yerde Doğu'nun bu akıllı bilgesi onu benimle paylaştı. Bu sözleri ben de kalbimin derinlerine kazıdım. Ne olduğumuzu bize her gün hatırlatmaya yarıyorlar ve ancak ne olabileceğimizi. Sözler büyük Hint filozofu Patanjali'ye ait. Onları her sabah meditasyona başlamadan önce sesli şekilde tekrarlamanın günümün geri kalanı üzerinde çok güçlü bir etkisi olmuştur. Hatırla John, sözcükler, gücün sesle vücut bulan biçimidir."

Sonra Julian bana kartı gösterdi. Alıntı şöyleydi:

> *Büyük bir amaçtan, sıradışı bir fikirden etkilendiğinizde tüm düşünceleriniz zincirlerini koparır; zihniniz sınırlarını aşar, bilinciniz her yönde genişler ve kendinizi yeni, mükemmel ve şaşırtıcı bir dünyada bulursunuz. Uyuyan güçler, yetenekler ve beceriler canlanır ve her zaman hayal ettiğinizden daha iyi biri olduğunuzu keşfedersiniz.*

O sırada fiziksel canlılıkla zihin açıklığı arasındaki bağlantıyı gördüm. Julian'ın sağlığı mükemmeldi ve ilk tanıştığımız tarihteki halinden çok daha genç görünüyordu. Canlılık doluydu, enerjisi, heyecanı ve iyimserliği sınır tanımıyordu. Yaşam biçiminde pek çok değişiklik yaptığını görebiliyordum, ancak muhteşem dönüşümünün başlangıç noktasının zihinsel zindelik olduğu açıktı. Dışarıdaki başarı gerçekten içeride başlıyordu ve Julian Mantle düşüncelerini değiştirmekle yaşamını değiştirmişti.

"Bu pozitif, huzurlu ve canlılık dolu tavrı gerçekten nasıl geliştirebilirim Julian?" Bunca yıllık rutin yaşantımdan sonra sanırım zihin kaslarım biraz hamlaştılar. Bir düşün, akıl bahçemde dolaşan düşüncelerim üzerinde çok az kontrolüm var" dedim samimiyetle.

"Zihin mükemmel bir hizmetkâr, ancak berbat bir efendidir. Olumsuz düşünen biri haline gelirsen bu zihnine özen göstermediğin ve iyiliğe odaklanmak için çalışmaya zaman ayırmadığın içindir. Winston Churchill 'Büyüklüğün bedeli, düşüncelerinizin her birinden sorumlu olmaktır' demiş. Sonra aradığın düşünce biçimini benimseyeceksin. Zihnin, gerçekte vücudundaki kaslardan farklı olmadığını hatırlamalısın. Kullan ya da kaybet."

"Zihnimi çalıştırmazsam zayıflayacağını mı söylüyorsun?"

"Evet. Şu açıdan bak. Daha fazlasını kaldırabilmek için kol kaslarını güçlendirmek istersen onları çalıştırmalısın. Bacak kaslarını güçlendirmek istersen önce onları kullanman gerekir. Benzer biçimde zihnin ancak onu kullanırsan harika şeyler yapabilir. Onu verimli kullanmayı öğrendiğinde istediğin her şeyi yaşantına katabilirsin. Ona, doğru özeni gösterirsen sana ideal sağlığı getirir, doğal hali olan huzur ve dinginliğe kavuşur; bunu isteyecek vizyona sahipsen tabii. Sivana Bilgeleri, 'Yaşamının sınırları, sadece kendi yaratılarındır' derler."

"Bunu anladığımı sanmıyorum Julian."

"Aydınlanmış düşünürler, düşüncelerinin kendi dünyalarından ve yaşam kalitelerinin düşüncelerinin zenginliğinden geldiğini bilirler. Daha huzurlu ve anlamlı bir yaşam sürmek istiyorsan daha huzurlu ve anlamlı şeyler düşünmelisin.

"Bana kestirme bir çözüm öner Julian."

"Ne demek istiyorsun?" diye sordu Julian bronzlaşmış parmaklarını parlak desenli cüppesinin önünde gezdirerek. "Anlattıkların beni heyecanlandırdı. Ama ben sabırsız biriyim. Zihnimi çalıştırma biçimimi değiştirmek için şu anda kendi oturma odamda kullanabileceğim egzersiz veya teknikler yok mu?"

"Kestirme çözümler işe yaramaz. Tüm kalıcı iç değişimler zaman ve çaba ister. Kişisel değişimin kaynağı süreklilikür. Yaşamında büyük değişiklikler yapmanın yıllar süreceğini söylemiyorum. Seninle paylaştığım stratejileri yalnızca bir ay boyunca her gün dikkatle uygularsan sonuçlar karşısında şaşkınlığa düşeceksin. Kapasitenin en üst düzeylerine çıkacak ve mucizevi bir boyuta geçeceksin. Ancak bu hedefe ulaşmak için sonuca takılı kalmamalısın. Onun yerine kişisel gelişim ve olgunlaşma sürecinin keyfini çıkarmalısın. İronik bir biçimde, sonuca ne kadar az odaklanırsan o kadar çabuk gelecektir."

"Nasıl yani?"

"Bu büyük bir öğretmenden ders almak için evinden çok uzaklara giden gencin klasik öyküsüne benziyor. Bilge yaşlı adamla karşılaştığında ilk sorusu 'Senin kadar akıllı olmam ne kadar sürecek?' olmuş. Yanıt çabuk gelmiş; beş yıl. Bunun çok uzun bir süre olduğunu söylemiş genç adam. 'Ya iki kat çok çalışırsam?' demiş. 'O halde on yıl' demiş usta. 'On! Bu çok daha uzun. Ya her gün ve gece çalışırsam, her saat?' diye üsteleyince genç, 'On beş yıl' demiş bilge. 'Anlamıyorum' diye yanıtlamış genç. 'Her seferinde amacıma ulaşmak için daha fazla enerji harcayacağıma söz verdim ve sen daha da uzun süreceğini söyledin; neden?' diye sormuş. 'Cevabı basit', demiş bilge. 'Bir gözünü hedefe sabitlersen, sana yolculuğunda kılavuzluk edecek yalnızca bir gözün kalır. Bu daha açık oldu mu?' diye sormuş."

"Ne demek istediğinizi iyi anladım sayın avukat" dedim saygılı bir ifadeyle. "Benim yaşam öyküme benziyor."

"Sabırlı ol, hazırlanır ve beklersen tüm aradıklarını kesinlikle bulabileceğin bilgisiyle yaşa."

"Fakat ben hiç şanslı biri olmadım Julian. Sahip olduklarımı hep sabır ile elde ettim."

"Şans nedir dostum?" diye yanıtladı Julian kibarca. "Bu, hazırlık ve fırsatın evliliğinden başka bir şey değil."

Sonra usulca ekledi: "Bana Sivana Bilgeleri tarafından aktarılan kesin yöntemleri sana öğretmeden önce birkaç önemli ilkeyi anlatmalıyım. İlkin zihin ustalığının temelinde konsantrasyonun bulunduğunu her zaman hatırlamalısın."

"Ciddi misin?"

"Biliyorum. Beni de şaşırtmıştı. Ama bu doğru. Zihin sıradışı şeylerin üstesinden gelebilir, bunu öğrendin. Asıl gerçek, arzu veya düşlere sahip olmanın, bunları gerçekleştirebilecek kapasiteye de sahip olduğun anlamına gelmesidir. Bu Sivana Bilgeleri'nce bilinen büyük evrensel gerçeklerden biridir. Ancak zihin gücünü açığa çıkarmak için önce onu kontrol altına almayı ve elindeki işe odaklamayı öğrenmelisin. Zihnini tek bir amaca odakladığında yaşamında sıradışı armağanlarla karşılaşacaksın."

"Konsantre bir zihne sahip olmak neden bu kadar önemli?"

"Soruna güzel bir yanıt bulacağın bir bilmece sorayım sana. Diyelim ki kış ortasında ormandasın. Ümitsizce kendini sıcak tutmaya çalışıyorsun. Sırt çantanda sadece arkadaşının gönderdiği bir mektup, bir kutu ton balığı ve gözlerin bozulmaya başladığı için yanında taşıdığın bir büyüteç var. Şans eseri yakacak kuru odun buluyorsun ancak hiç kibritin yok. Nasıl ateş yakarsın?"

Yüce tanrım. Julian beni faka bastırmıştı. Yanıtın ne olduğu hakkında hiçbir fikrim yoktu.

"Pes ediyorum?" dedim.

"Çok basit. Mektubu odunların arasına koy ve büyüteci üzerine tut. Güneş ışınları odaklanacak ve odunlar birkaç saniye içinde tutuşacaktır."

"Ton balığı ne olacak?"

"Ah! Onu sadece çok açık olan çözümü saklamak üzere dikkatini dağıtmak için kullandım" diye yanıtladı Julian gülümseyerek. "Ancak bu örnekten çıkarılacak ders şu; yalnızca mektubu odunların arasına yerleştirmek çözüm getirmez. İkinci aşama olarak güneş ışınlarını odaklamak için büyüteci kullanırsan ateş yanacaktır. Bu benzetme zihin için de geçerlidir. Onun muazzam gücünü belirli, anlamlı amaçlar için kullanırsan kişisel potansiyelini kolayca ateşler ve şaşırtıcı sonuçlar alırsın."

"Ne gibi?" diye sordum.

"Bu soruyu yalnızca sen cevaplayabilirsin. Aradığın nedir? Daha iyi bir baba olmak ve daha dengeli, doyurucu bir yaşam mı istiyorsun? Daha fazla spiritüel tatmin mi arıyorsun? Eksikliğini hissettiğin macera ve eğlence mi? Bunu biraz düşün."

"Sonsuz mutluluktan ne haber?"

"Büyük oyna ya da evinde otur" diye güldü, "Küçükten başlamak diye bir şey yoktur. Pekâlâ ona da sahip olabilirsin."

"Nasıl?"

"Sivana Bilgeleri mutluluğun sırlarını beş bin yıldan uzun süredir bilmekteydi. Şanslıyım ki bu armağanı benimle paylaşmak istediler.. Bunu duymak ister misin?"

"Hayır, sanırım önce garajı duvar kâğıdı kaplayacağım..."

"Ne diyorsun?"

"Sonsuz mutluluğun sırrını öğrenmeyi elbette istiyorum Julian. Sonuçta herkesin aradığı bu değil mi?"

"Doğru. İşte anlatıyorum... Ama önce bir fincan çay istesem zahmet olur mu?"

"Haydi, oyalanma."

"Tamam. Mutluluğun sırrı basit: Yapmayı gerçekten sevdiğin şeyin ne olduğunu bul ve tüm enerjini bunu yapmaya yönlendir. Dünyadaki en mutlu, en sağlıklı ve hoşnut insanların kimler olduğunu araştırırsan, her birinin, yaşamdaki tutkularını keşfetmiş ve günlerini bununla uğraşarak geçiren kişiler olduğunu göreceksin. Bu mesaj neredeyse her zaman bir şekilde insanların işine yarar. Zihin gücünü ve enerjini sevdiğin bir uğraş üzerinde yoğunlaştırdığında yaşamına zenginlik dolar, tüm arzuların kolay ve incelikli bir biçimde yerine gelir."

"O halde özetlersek, beni neyin heyecanlandırdığını bulup onu mu yapacağım?"

"Eğer uğraşmaya değerse" diye yanıtladı Julian.

"'Değer olmak' kavramını nasıl tanımlıyorsun?"

"Dediğim gibi John, tutkuların bir şekilde başkalarının yaşamını iyileştirir veya onlara da hizmet eder. Victor Frankl şu sözleriyle bunu benim yapabileceğimden daha zarif bir biçimde anlatmış: 'Mutluluk gibi, başarı da kovalanamaz. O bir sonuç olmalıdır. Üstelik bu yalnızca birinin kendini büyük bir amaca adamasının planlanmamış yan etkisi olarak ortaya çıkar.' Bir kez yaşama amacını ne olduğunu bulduğunda, dünyan canlanacak. Her sabah sınırsız bir enerji ve heves kaynağıyla uyanacaksın. Tüm düşüncelerin belirli amacına odaklanacak. Boşa vakit harcamayacaksın. Böylelikle değerli zihinsel gücün değersiz düşüncelere harcanmayacak. Kaygı alışkanlığını otomatik olarak silecek, çok daha verimli ve üretken olacaksın. İlginçtir ki görevini gerçekleştirmen için sana bir şekilde kılavuzluk ediliyormuşçasına, bir iç dengeye kavuştuğunu da derinden hissedeceksin. Bu muhteşem bir his. Bunu seviyorum" dedi Julian neşeyle.

"Şaşırtıcı. İyi hissetmeye başlamak kısmından hoşlandım. Gerçekten samimi olmak gerekirse Julian, çoğu gün yorganın altından çıkmak istemiyorum. Bu trafikle, sinirli müvekkillerle, hırslı rakiplerle ve aralıksız negatif etkilerle mücadele etmekten çok daha iyi görünüyor. Bütün bunlar beni çok yoruyor."

"İnsanların neden bu kadar çok uyuduklarını biliyor musun?"

"Neden?"

"Çünkü gerçekten yapacak başka bir şeyleri yok. Güneşle uyanan insanların tümü ortak bir özelliğe sahiptir."

"Çılgınlık mı?"

"Çok komik. Tabii ki hayır, onların tümünün, kendi iç potansiyellerini ateşleyecek bir amaçları var. Onlar kendi öncelikleriyle hareket ederler, ama sağlıksız ve takıntılı bir biçimde değil. Bu daha az yorucu ve ılımlı bir tavır. Heves ve sevgilerini yaşamda yaptıkları işe veren böyle insanlar anı yaşarlar. Dikkatleri tamamen ellerindeki işe yönelmiştir. Bu nedenle enerji kaybı olmaz. Bu insanlar rastlama şansını bulabileceğin en sağlıklı ve canlı bireylerdir."

"Enerji kayıpları? Bu kulağa biraz Yeni Çağ felsefesi gibi geliyor Julian. Bunu Harvard Hukuk Fakültesi'nde öğrenmediğine eminim."

"Doğru. Bu kavramın öncüleri Sivana Bilgeleridir. Yüzyıllardır mevcutsa da tıpkı ilk ortaya çıktığı zamanlarda olduğu gibi bugün de geçerlidir. Çoğumuz gereksiz ve sonsuz kaygılarla tükeniriz. Bu doğal canlılığımızı ve enerjimizi alıp götürür. Hiç bisikletin iç lastiğini görmüş müydün?"

"Elbette."

"Tam olarak şişirildiğinde seni istediğin yere kolayca götürebilir. Ancak sızıntılar varsa lastik sonunda söner ve yolculuğun aniden son bulur. Zihnin çalışma şekli de böyledir. Kaygılar değerli zihinsel enerji ve potansiyelinin tıpkı o iç lastikten kaçan hava gibi boşalmasına yol açar. Kısa sürede geriye hiç enerji kalmaz. Yaratıcılık, iyimserlik ve motivasyonun seni tükenmiş bir durumda bırakarak uzaklaşır."

"Bu hissi tanıyorum. Günlerimi çoğunlukla kaos içinde geçiriyorum. Aynı anda her yerde olmam gerekiyor ve kimseyi memnun edemiyormuş gibi görünüyorum. Böyle günlerde çok az fiziksel iş yapsam da tüm kaygılarım günün sonunda beni tamamen tükenmiş bir duruma getiriyor. Eve döndüğümde tek yapabildiğim kendime bir bardak viski doldurup televizyonun uzaktan kumandasına sarılmak oluyor."

"Kesinlikle. Sana bunu yapan aşırı stres. Ancak amacını

bulduğunda yaşam çok daha kolay ve doyurucu olacak. Ana hedefinin veya kaderinin ne olduğunu keşfettiğinde yaşamın boyunca bir tek gün daha çalışmak zorunda kalmayacaksın."

"Erken emekli mi olacağım?"

"Hayır" dedi Julian seçkin bir avukat olduğu günlerde ustalaştığı anlamlı ses tonuyla. "İşin sana eğlence gibi gelecek."

"Önceliği olan tutku ve amacımı aramak üzere işimden vazgeçmek biraz riskli olmaz mı? Demek istiyorum ki bir ailem ve yasal sorumluluklarım var. Dört insanın sorumluluğunu taşıyorum."

"Hukuk mesleğini hemen yarın bırakmandan söz etmiyorum. Ancak riskleri almaya başlamalısın. Şöyle bir silkelen. Örümcek ağlarından kurtul. Üzerinden daha az geçilmiş yolları dene. Çoğu kimse kendi güven alanlarına hapsolmuş halde yaşar. Yogi Raman kendim için yapabileceğim en iyi şeyin sürekli bunun ötesine geçmek olduğunu bana açıklayan ilk insandı. Kalıcı kişisel bilgeliğe ve kendi insani yeteneklerini anlamaya giden yol budur."

"Peki neymiş bu?"

"Zihnin, vücudun ve ruhun."

"O halde hangi riskleri almam gerekiyor?"

"Bu kadar kestirmeci olmayı bırak. Yaptıklarını hep istediğin gibi yapmaya başla. Aktör olmak için hukuk mesleğini bırakan avukatlar ve caz müzisyeni olmak için istifa eden muhasebeciler tanıyorum. Bunu yaparak onlardan çok zamandır uzak olan derin mutluluğu buldular. Artık yılda iki tatil ve Cayman'larda yazlık bir evin masraflarını karşılayamıyorlarsa ne olmuş? Hesaplı risk almanın çok getirisi olacaktır. Bacak bacak üstüne atmış otururken üçüncü köşeye[2] nasıl varacaksın?"

"Seni anlıyorum."

---

2 Bir Beysbol terimi. —Ç.N.

"O halde düşünmek için kendine zaman tanı. Burada olmanın gerçek nedenini keşfet ve sonra bunu gerçekleştirmek için gereken cesareti göster."

"Söylediklerine saygım var Julian, ancak tüm yapabildiğim düşünmek. Aslında benim sorunum biraz da fazla düşünüyor olmamdan kaynaklanıyor. Zihnim hiç durmuyor. İçi zihinsel gevezelikle dolu, bu beni kimi zaman çıldırtıyor."

"Sana önerdiğim şey farklı. Tüm Sivana Bilgeleri her gün yalnızca nerede oldukları değil, nereye gidecekleri konusunda da sessizce düşünmek için de zaman ayırırlar. Her gün amaçlarını ve yaşamlarını nasıl sürdürdüklerini değerlendirirler. En önemlisi bir sonraki günü nasıl daha iyi kılabilecekleri hakkında derin ve samimi bir dalınç içine girerler. Her gün artan iyileşmeler, sonunda pozitif bir değişikliğe yol açan kalıcı sonuçlar verir."

"O halde yaşamım hakkında düşünmek için zaman ayırmalıyım?"

"Evet. Her gün on dakika odaklanmış halde düşünmenin bile yaşam kaliten üzerinde büyük etkisi olacaktır."

"Söylediklerini anlıyorum Julian. Sorun şu ki bir kez günün hengamesi içine girdiğimde yemek için bile on dakika zaman bulamıyorum."

"Dostum, düşüncelerin ve yaşamını iyileştirmek için zamanın olmadığını söylemek otomobil kullanırken benzin almak için durmaya zamanın olmaması gibi bir şey. Bu sonunda seni yolda bırakacaktır."

"Evet, biliyorum. Ama, benimle birtakım teknikleri paylaşacaktın Julian" dedim işittiğim bilgeliği uygulamak için birkaç pratik yollar öğrenmek umuduyla.

"Zihnini ustalaştırmak için diğerlerinin üzerinde yükselen bir teknik var. Bu onu bana büyük bir inanç ve güvenle öğreten Sivana Bilgelerinin en sevdiklerinden biri. Bunu yalnızca yirmi bir gün uyguladıktan sonra yıllardır olduğumdan daha enerjik, hevesli ve canlı hissetmeye başlamıştım. Bu teknik binlerce yıldan daha eski. 'Gülün Kalbi' olarak adlandırılıyor."

"Biraz daha anlatsana."

"Bu egzersizi gerçekleştirmek için tüm gereken taze bir gül ve sessiz bir yer. Doğal ortam en iyisi, ama sessiz bir oda da yeterli olur. Gülün merkezine doğru gözlerini ayırmadan bakmaya başla, bu onun kalbidir. Yogi Raman bana gülün kalbinin yaşama çok benzediğini anlatmıştı; yolunda ilerlerken dikenlerle karşılaşacaksın ancak güvencin varsa ve düşlerine inanıyorsan sonunda dikenleri aşarak çiçeğin görkemli güzelliğine ulaşırsın. Güle bakmaya devam et. Renklerine, dokusuna ve şekline dikkat et. Güzel kokusunu içine çek ve yalnızca önünde duran bu mükemmel objeyi düşün. İlkin zihnine başka düşünceler girecek ve dikkatini gülün kalbinden uzaklaştıracak. Bu eğitimsiz bir zihnin işaretidir. Ama üzülmen gereksiz, ilerleme çabuk gelecektir. Basitçe dikkatini tekrar odaklandığın objeye yönelt. Kısa sürede zihnin gelişecek ve disiplin kazanacak."

"Hepsi bu mu? Kolay görünüyor."

"Güzelliği de burada John" diye yanıtladı Julian. "Ancak etkili olması için bu ritüelin her gün gerçekleştirilmesi gerek. İlk birkaç gün bu egzersizi beş dakika bile sürdürmek sana zor gelebilir. Çoğumuz o kadar çılgın bir hızla yaşıyoruz ki gerçek dinginlik ve sessizlik yabancı ve rahatsız edici bir şey gibi geliyor. Sözlerimi duyan çoğu kişi oturup bir çiçeği seyredecek zamanları olmadığını söyleyecektir. Sana çocukların kahkahalarından veya yağmurda yalın ayak yürümekten keyif alacak zamanları olmadığını söyleyecek olanlar da aynı kişilerdir. Bu insanlar böyle işler için çok meşgul olduklarını anlatırlar. Arkadaşlık kurmak için de zamanları yoktur, çünkü arkadaşlık zaman alır."

"Böyle çok insan tanıyor olmalısın."

"Ben de onlardan biriydim" dedi Julian. Sonra sustu ve keskin bakışlarını büyük annemin eşim ve bana verdiği, varlığıyla evimizi ısıtan duvar saatine dikerek hareketsiz kaldı. "Yaşamlarını böyle geçirenleri düşündüğümde babamın eserlerini okumayı çok sevdiği eski bir İngiliz romancının sözlerini hatırlarım, 'Kimse saat ve takvimin, gözlerini yaşamın her anının bir mucize ve bir gizem olduğu gerçeğine kör etmesine izin vermemelidir' derdi."

"Kararlı ol ve gülün kalbini özümsemek için uzun ve daha uzun zaman ayır" diye devam etti Julian derin bir ses tonuyla. "Bir ya da iki hafta sonra bu egzersizi dikkatin başka objelere kaymaksızın yirmi dakika sürdürebiliyor olacaksın. Bu zihin kalesinin kontrolünü geri almakta olduğunun ilk işaretidir. Sonra neye odaklanmasını istersen ona odaklanacak. Ardından senin için olağanüstü şeyler yapabilen mükemmel bir hizmetkâr olacak. Unutma ki ya sen zihnini yönetirsin ya da o seni yönetir."

"Pratik bir ifadeyle, çok daha dingin olduğunu hissedeceksin. Toplumun büyük kısmının yakasına yapışan kaygı alışkanlığını silmede kayda değer bir ilerleme sağlayacak, daha fazla enerji ve iyimserliğin keyfini çıkaracaksın. En önemlisi seni çevreleyen birçok armağanı takdir etme yetisiyle birlikte yaşamına giren mutluluk hissini fark edeceksin. Her gün ne kadar meşgul olursan ol ve ne kadar güçlükle karşılaşırsan karşılaş Gülün Kalbi'ne dön. Burası senin vahandır. Senin sessiz sığınağındır. Huzur adandır. Sessizlik ve dinginlikte bir güç olduğunu asla unutma. Dinginlik yaşayan her şeyde nabız gibi atan evrensel zekânın kaynağıyla bağlantı için bir basamaktır."

Duyduklarım karşısında şaşkınlığa düşmüştüm. Böylesine sade bir stratejiyle yaşam kalitemi büyük ölçüde iyileştirmem gerçekten mümkün olabilir miydi?

"Sende gördüğüm çarpıcı değişiklikte Gülün Kalbi'nden fazlası olmalı" diyerek merakımı dile getirdim.

"Evet, bu doğru. Aslında, yaşadığım dönüşüm son derece etkili birçok stratejiyi uyumlu bir şekilde kullanmamın sonucunda gerçekleşti. Endişeye kapılma, bunlar sana biraz önce anlattığım egzersiz kadar basit ve aynı zamanda güçlü. Senin için anahtar, zihnini fırsatlarla dolu bir yaşam sürme fikrine açmaktır."

Julian, bu bilgi fıskıyesi, Sivana'da öğrendiklerini ortaya sermeye devam etti. "Zihni kaygı ve ömrünü tüketen diğer negatif etkilerden kurtulmada özellikle işe yarayan bir teknik de Yogi Raman'ın 'Karşıt Düşünce' olarak adlandırdığı kavrama dayanır. Öğrendim ki doğanın görkemli yasaları altında zihin belirli bir anda yalnızca bir düşünceyi barındırabilir. Bunu kendin dene John, doğru olduğunu göreceksin."

Denedim ve doğruydu.

"Herhangi biri bu az bilinen gerçeği kullanarak kısa sürede pozitif bir zihin yapısı kazanabilir. Bu kolay bir süreç; zihninin odak noktasını istemediğin bir düşünce işgal ettiğinde onu hemen canlandırıcı bir başkasıyla değiştir. Sanki zihnin dev bir slayt gösterici ve zihnindeki her düşünce bir slaytmış gibi. Olumsuz bir slayt ekrana geldiğinde bunu olumlu bir tanesiyle değiştirmek için geçiş düğmesine bas."

"Boynumdaki tespihe benzeyen kolye işte burada devreye giriyor" diye ekledi Julian artan bir heyecanla. "Olumsuz bir düşünceye kapıldığımı her fark ettiğimde bu kolyeyi alır ve bir boncuğunu çıkarırım. Bu kaygı boncukları sırt çantamda taşıdığım bir kapta birikir. Hep birlikte bana zihinsel ustalık yolunda hâlâ kat etmem gereken çok mesafe olduğunu ve zihnimi dolduran düşüncelere karşı sorumluluğumu ince bir biçimde hatırlatırlar."

"Hey, bu harika! Gerçekten pratik bir uygulama. Buna benzer bir şeyi hiç duymamıştım. Bana Karşıt Düşünce felsefesi hakkında daha çok şey anlat."

"İşte sana gerçek yaşamdan bir örnek. Diyelim ki mahkemede kötü bir gün geçirdin. Yargıç yasayı yorumlama şeklin konusunda senle aynı düşüncede değil, karşı taraf son derece saldırgan ve müvekkilin performansından memnun değil. Eve dönüp sevdiğin koltuğa gömülüyorsun; mutsuzluk içinde. Birinci adım sözünü ettiğimiz olumsuz düşüncelere kapıldığının farkına varmaktır. Kendini bilmek, kendini kontrol etme ustalığında bir basamaktır. İkinci adım iç karartıcı düşüncelerin zihnine dolması ne kadar kolaysa bunları keyifli olanlarla o kadar kolay değiştirebileceğinin bir an önce farkına varmandır. Yani hüznün karşıtını düşünmelisin. Neşeli ve enerjik olmaya yoğunlaş. Mutlu olduğunu hisset. Belki gülümsemeye bile başlayabilirsin. Vücudunu neşeli ve heyecanlı olduğun zamanlarda yaptığın gibi hareket ettir. Dik otur, derin nefes al ve zihin gücünü pozitif düşünceler için eğit. Hislerinin dakikalar içinde belirgin biçimde değiştiğini fark edeceksin. Hatta daha önemlisi Karşıt Düşünce pratiğini sürdürür ve bunu alışkanlıkla zihnini ziyaret eden her olumsuz düşünceye uygularsan, haftalar içinde bunların artık etkisinin kalmadığını göreceksin. Nereye varmak istediğimi anlayabiliyor musun?"

Julian açıklamasını sürdürdü; "Düşünceler canlı, yaşayan şeylerdir, küçük enerji paketleri diyelim istersen. Çoğu kimse düşünme biçimleri üzerinde düşünmez fakat düşünce tarzının kalitesi yaşam kaliteni belirler. Düşünceler tıpkı içinde yüzdüğün havuz veya üzerinde yürüdüğün cadde gibi maddi dünyanın parçalarıdır. Zayıf zihinler zayıf davranış biçimlerine yol açar. Güçlü, disiplinli bir zihin mucizeler gerçekleştirebilir. Dopdolu bir yaşam sürmek istiyorsan en değerli varlıklarına yaptığın gibi düşüncelerine de özen göster. Tüm iç düzensizliğini gidermek için çok çalış. Ödülün büyük olacaktır."

"Düşünceleri asla yaşayan varlıklar olarak görmedim Julian" diye yanıtladım bu keşfe hayran kalarak. "Ama onların dünyamdaki her unsuru etkilediğini görebiliyorum."

"Sivana Bilgeleri insanların yalnızca 'Sattvic' veya saf düşünceler barındırması gerektiğine kesinkes inanırlar. Onlar bu düzeye, az önce seninle paylaştığım tekniklerin yanı sıra doğal beslenme, olumlu ifadeleri tekrarlama veya onların deyimiyle 'mantra'lar, yani bilgelik dolu kitaplar okumak ve çevrelerindekilerin aydınlanmış kişiler olmasına her zaman özen göstermek gibi pratiklerle ulaşmışlar. Zihinlerinin tapınağına saf olmayan tek bir düşünce bile girse kilometrelerce uzaktaki muazzam bir şelaleye yürüyüp dondurucu soğuğa dayanamaz hale gelene dek bu buz gibi suyun altında kalarak kendilerini cezalandırırlardı."

"Bana bu bilgelerin akıllı kişiler olduklarını söylediğini düşünüyordum. Küçücük bir olumsuz düşünceye kapıldıkları için Himalayalar'ın derinliklerindeki dondurucu bir şelalenin altında beklemek bana aşırı bir tavır gibi geldi."

Birinci sınıf bir hukuk savaşçısı olarak geçirdiği onca yılın sonucu olarak Julian'ın yanıtı çok çabuk geldi; "John, açık konuşacağım. Gerçekten tek bir olumsuz düşünceye sahip olma lüksün dahi yok."

"Gerçekten mi?"

"Gerçekten. Kaygı verici bir düşünce bir embriyo gibidir; oluştuğunda küçüktür, ama büyür ve daha çok büyür. Kısa süre sonra kendi kontrolünü eline alır."

Julian bir an sustu ve sonra gülümsedi. "Seyahatimde öğrendiğim felsefeye dair bu konuda konuşurken biraz ateşli göründüysem özür dilerim. Ben yalnızca, birçok insanın yaşamını iyileştirebilecek araçlar keşfettim, tatminsiz, sönük ve mutsuz hisseden insanların. Günlük rutinlerinde Gülün Kalbi tekniği ve Karşıt Düşünce uygulamasını kapsayan birkaç küçük değişiklik yaşamlarına istedikleri şeyleri katabilir. Sanırım bunu bilmeyi hak ediyorlar."

"Bahçeden, Yogi Raman'ın gizemli öyküsünde bir sonraki simgeye geçmeden önce sana kişisel gelişiminde büyük yardımı olacak bir sırrı daha açıklamak istiyorum. Bu sır her şeyin önce zihinde, sonra da gerçeklikte olmak üzere iki kez yaratılmasına ilişkin kadim ilkeye dayanıyor. Sana düşüncelerin birer varlık, fiziksel dünyamızı etkilemek için gönderdiğimiz maddi ulaklar olduğunu az önce söylemiştim. Dış dünyanda belirgin değişiklikler yapmayı umuyorsan, önce düşünce dünyanda değiştirerek başlaman gerektiğini de açıklamıştım."

"Sivana Bilgeleri, düşüncelerinin saf ve bütünlük içinde olmasını sağlamak için mükemmel bir yöntem geliştirmişler. Bu teknik, arzularını gerçekleştirmede de son derece etkili ve bir o kadar da kolay. Yöntem herkes için geçerli. Maddi servet peşinde olan genç bir avukat, daha zengin bir aile yaşantısı arayan bir anne veya daha çok satış yapmak isteyen bir pazarlamacı için de işe yarayacaktır. Bu teknik bilgelerce 'Gölün Sırrı' olarak adlandırılıyor. Sabahın erken saatlerinin yararlanabilecekleri büyülü unsurlar taşıdığına inandıklarından öğretmenler bu uygulama için sabaha karşı 4'te uyanırlar. Daha sonra onları yaşadıkları bölgenin aşağılarına götüren bir dizi dar ve sarp dağ yolunda ilerlerler. Buraya vardıklarında bir açıklığa ulaşana kadar muhteşem çam ağaçları ve egzotik çiçeklerin arasında zor seçilen bir patikada yürürler. Açıklığın kenarında binlerce küçük beyaz lotus çiçeğiyle kaplı masmavi bir göl vardır. Gölün suyu göz alıcı biçimde kıpırtısız ve huzur vericidir. Bu gerçekten mucizevi bir manzara. Bilgeler bana, gölün atalarına asırlar boyunca arkadaşlık ettiğini anlattılar."

"Gölün Sırrı neydi?" diye sordum sabırsızca.

Julian bilgelerin gölün durgun sularına baktıklarını ve düşlerinin gerçekleşişini gözlerinde canlandırdıklarını anlattı. Yaşamlarında geliştirmek istedikleri şey disiplinin erdemi ise, canlandırdıkları bu resimde kendilerini, şafakta uyanıp sert fiziksel egzersizlerini aksatmadan uygulayıp günlerini sessizlik içinde iradelerini kuvvetlendirmekle geçirirken görüyorlardı. Aradıkları daha çok neşe ise göle bakıp, kendilerini zapt edilemez kahkahalar atarken veya erkek ya da kız kardeşleriyle her karşılaşmalarında onlara gülümserken görüyorlardı. İstedikleri cesaretse bir kriz veya meydan okuma karşısında güçlü biçimde davrandıkları gözlerinde canlanıyordu."

"Yogi Raman bir keresinde bana, çocukluğunda kendi yaşıtlarından daha ufak tefek olduğu için güvenini yitirdiğini anlatmıştı. Ona müşfik ve kibar davransalar da çevresel etkilerle güvensiz ve utangaç biri olmuştu. Bu zayıflığı ortadan kaldırmak için Yogi Raman bu eşsiz köşeye gelmiş ve gölü, olmayı umduğu kişinin görüntüsünü yansıtan bir perde olarak kullanmıştı. Kimi günler kendisini uzun boylu, güçlü ve emredici bir sesle konuşan bir lider durumunda görmüştü. Kimi günlerdeyse yaşlandığında olmak istediği kişi gözünde canlanmıştı; sonsuz iç kuvvet ve karakter sahibi bir bilge. Yaşamında sahip olmak istediği tüm erdemleri ilkin bu gölün yüzeyinde görmüştü."

"Aylar içinde Yogi Raman, olacağını zihninde gördüğü kişi haline geldi. Görüyorsun John, zihin resimlerle işler. Resimler imgene etki eder ve imgen de hissediş, davranış ve elde ediş biçimini etkiler. İmgen, sana, başarılı bir avukat olmak için fazla genç veya değişiklik yapmak için fazla yaşlı olduğunu söylüyorsa bu amaçlarına asla ulaşamazsın. İmgen bir amaç, mükemmel sağlık ve mutlulukla dolu yaşamların yalnızca seninkinden farklı altyapıları olan insanlara özgü olduğunu söylüyorsa bu kehanet sonuçta gerçekleşecektir."

"Ama zihninin perdesine esin verici, canlı resimler yansıtırsan yaşamında mükemmel şeyler olmaya başlar. Einstein bir keresinde 'Düş gücü bilgiden daha önemlidir' demiş. Her gün belirli bir süreyi, birkaç dakika bile olsa, yaratıcı düşünce pratiği için ayırmalısın. Kendini olmak istediğin kişi gibi gör, bu ister büyük bir yargıç, ister güçlü bir baba, isterse toplumun önemli bir ferdi olsun."

"Gölün Sırrı'nı uygulamak için özel bir göl bulmam gerekiyor mu?" diye sordum safça.

"Hayır. Gölün Sırrı, sadece bilgelerin zihne etki etmek için kullandıkları ebedi tekniğe verdikleri bir ad. Gerçekten istersen, bu yöntemi oturma odanda veya ofisinde bile uygulayabilirsin. Kapını kapat, telefonları beklet ve gözlerini yum. Birkaç derin nefes al. İki ya da üç dakika sonra rahatlamaya başladığını hissedeceksin. Sonra olmak ve yaşamına katmak istediklerine dair tüm zihinsel resimleri gözünde canlandır. Dünyanın en iyi babası olmak istiyorsan kendini çocuklarınla oynayıp gülerken, sorularına açık kalplilikle cevaplar verirken hayal et. Gergin bir durumda bile onlara müşfik ve sevecen davrandığını düşle. Benzer bir sahne gerçekliğin tuvalinde şekillendiğinde takınacağın tavrın provasını yap."

"Canlandırmanın büyüsü pek çok duruma uyarlanabilir. Bunu mahkemede daha etkili olmak, ilişkilerini kuvvetlendirmek ve kendini spiritüel açıdan geliştirmek için kullanabilirsin. Bu yöntemin sürekli kullanımı, eğer senin için önemliyse büyük maddi kazanç da sağlayacaktır. Zihninin istediğin her şeyi yaşamına çekecek manyetik bir güç olduğunu bir an önce anlamalısın. Yaşamında bir eksiklik varsa, bu, düşüncelerinde bir eksiklik olduğundandır. Zihin gözünde harika resimler canladır. Tek bir olumsuz imge bile zihin yapını zehirleyecektir. Bir kez bu kadim tekniğin yaşamına getirdiklerinden keyif almaya başladığında zihninin olağanüstü potansiyelini kavrayacak ve içinde uyuyan yetenek ve enerji deposunun kapılarını açmaya başlayacaksın."

Julian sanki yabancı bir dilde konuşuyor gibiydi. Bugüne değin zihnin spiritüel ve maddi bolluğu çeken manyetik gücünden söz edildiğini hiç duymamıştım. Canlandırmadan ve bunun iç dünyamızın her unsuru üzerindeki büyük etkilerinden söz edildiğini de hiç işitmemiştim. Ancak ruhumun derinliklerinde Julian'ın söylediklerine inancım vardı. Bu adam yargılama ve entelektüel yetenekleri kusursuz biriydi. Bu adam hukuk alanında, zekâsıyla uluslararası saygınlık kazanmıştı. Bu adam, şu anda yürümekte olduğum yolu çoktan kat etmiş ve geriye dönmekte olan bir insandı. Julian Doğu'ya seyahatinde bir şeyler keşfetmişti, bu tartışma götürmez. Onun fiziksel canlılığı, belirgin dinginliği ve gözle görülür değişimi onun öğütlerini dinlemenin akıllıca bir davranış olacağını gösteriyordu.

Üzerinde düşündükçe duyduklarım bana daha anlamlı geliyordu. Kuşkusuz zihnin çoğumuzun halen kullandığından çok daha fazla potansiyeli vardı. Yoksa örneğin bir anne, altında sıkışan çocuğunu kurtarmak için bir otomobili nasıl kaldırabilirdi? Savaş sanatı ustaları tuğla yığınlarını ellerinin bir darbesiyle nasıl kırabilirlerdi? Doğulu yogiler irade gücüyle kalplerini nasıl yavaşlatabilir veya büyük acılarla nasıl göz kırpmadan başa çıkabilirlerdi? Belki bendeki asıl sorun her varlığın sahip olduğu armağanlara olan inançsızlığımdı. Bu akşam karşımda oturan Himalayalar'da bir rahibe dönüşmüş bu eski milyoner avukat, belki de yaşam prensiplerimi oluşturmam için bir uyanış çağrısıydı.

"Ama Julian, bu egzersizleri ofisimde yapmak..?" diye itiraz etmeye kalkıştım. "İş arkadaşlarım zaten yeterince tuhaf biri olduğumu düşünüyor."

"Yogi Raman ve birlikte yaşadığı tüm bilgeler kuşaklar boyu onlara aktarılan bir deyişi sıklıkla kullanırlardı. Bu ayrıcalığımı, ikimiz için de önemli hale geldiğini söyleyebileceğim bu akşamda, sana da aktarabileceğimi sanıyorum. Sözler şöyle: 'Başka insanlardan üstün olmanın asil bir tarafı yoktur. Gerçek asalet önceki yaşamında olduğundan üstün biri haline gelmekte yatar.' Bütün bunlarla varmak istediğim nokta; yaşamını iyileştirmek ve hak ettiğin biçimde yaşamak istiyorsan kendinle yarışman gerektiği. Başkalarının senin hakkında söyledikleri bir şey ifade etmez. Yaptığının doğru olduğunu biliyorsan başkalarının yargıları hakkında kaygılanmamalısın. Kendi vicdanına ve kalbine göre doğru olduğu sürece istediğin her şeyi yapabilirsin. Doğru olanı yapmaktan asla utanç duyma; düşüncenin doğru olup olmadığına karar ver ve ona bağlı kal ve Tanrı aşkına öz saygını asla başkalarının değerleriyle ölçme. Yogi Raman 'Başka birinin hayalleri hakkında düşünerek geçirdiğin her saniyeyi kendinden çalmış olursun' derdi."

Gece yarısını yedi dakika geçmişti. Açıkçası azıcık bile yorgunluk hissetmiyordum. Bunu Julian ile paylaştığımda bir kere daha gülümsedi. "Şimdi aydınlanmış yaşamın ilkelerinden birini daha öğrendin. Yorgunluk büyük ölçüde zihnin bir yaratısıdır. Yönelim ve düşleri olmadan yaşayan insanların yaşamına yorgunluk hükmeder. Sana bir örnek vereyim. Bir öğleden sonra ofisinde sıkıcı dava raporlarını okurken zihninin konudan uzaklaştığı, kendini uykulu hissetmeye başladığın oldu mu?"

"Zaman zaman" diye yanıtladım, bunun benim için bir modus operandi[3] olduğunun açığa çıkmamasını dileyerek. "Elbette çoğumuz çalışırken uykumuzun geldiğini hissedebiliriz ara sıra."

"Ama o sırada bir arkadaşın arar ve akşam top oynamaya gelmeni veya golf maçında ona yardım etmeni isterse eminim yaşama dönüyorsundur. Yorgunluğundan eser kalmıyordur. Bu dürüst bir değerlendirme oldu mu?"

"Evet, yeterince adil sayın avukat."

Julian kendini kaptırdığının farkındaydı. "O halde yorgunluğun zihinsel bir yaratıdan başka bir şey olmadığını, zorlu işlerle uğraşırken zihnini bir koltuk değneği gibi kullanmaya alıştığı bir tavır olduğunu biliyorsun. Bu akşam açıkça görülüyor ki öykümden etkilendin ve bana açıklanan bilgeliği öğrenmeye isteklisin. İlgin ve zihinsel konsantrasyonun sana enerji veriyor. Bu akşam zihnin ne geçmiş ne de gelecekle ilgili. Tamamen şu ana, konuşmamıza odaklanmış durumda. Zihnini sürekli anı yaşamaya yöneltirsen sınırsız enerjiye sahip olursun, saat kaçı gösterirse göstersin.

Onaylayarak başımı salladım. Julian'ın bilgeliği açıktı ve ben anlattıklarının çoğuna yabancıydım. Sanırım sağduyu o kadar sık rastlanan bir şey değildi. Babamın ilk gençlik yıllarımda söylemeyi âdet edindiği 'Yalnızca arayanlar bulur' sözü üzerinde düşündüm. Keşke benimle olsaydı.

3 Çalışma biçimi. —Ç.N.

Bölüm 7 Uygulamalarının Özeti
Julian'ın Bilgeliğinin Özü

Sembol

Erdem

Zihninizin kontrolünü ele alın

Bilgelik

- Zihninizi geliştirin; beklentilerinizin ötesinde meyve verecektir.
- Yaşam kalitenizi, düşüncelerinizin kalitesi belirler.
- Hata yoktur, sadece dersler vardır. Engelleri kişisel gelişim ve spiritüel zenginleşme için fırsat olarak görün.

Teknikler

- 'Gülün Kalbi'
- 'Karşıt Düşünce'
- 'Gölün Sırrı'

Alıntı Yapılabilecek Sözler

Mutluluğun sırrı basittir: Gerçekten yapmayı sevdiğiniz şeyi bulun ve sonra tüm enerjinizi onu gerçekleştirmeye yöneltin. Bunu yaptığınızda yaşamınız zenginleşir ve tüm arzularınız kolayca ve fazlasıyla gerçekleşir.

Ferrari'sini Satan Bilge

SEKİZİNCİ BÖLÜM

İç Ateşinizi Yakmak

Kendinize güvenin. Tüm ömrünüz boyunca sürmekten haz duyacağınız bir yaşam biçimi yaratın. Olasılığın küçücük, gizli kıvılcımlarını körükleyip başarı alevlerine dönüştürerek kendi potansiyelinizi maksimum şekilde kullanın.

Foster C. McClellan

Julian, "Yogi Raman'ın Himalayalar'ın tepesinde küçük mistik öyküsünü benimle paylaştığı gün pek çok açıdan bugüne oldukça benziyordu" dedi.

"Gerçekten mi?"

"Sohbetimiz akşam başladı ve gece geç saatlere kadar devam etti. İkimizin arasında öyle bir kimya vardı ki havada neredeyse elektrik çıtırtıları duyuluyordu. Sana daha önce de söylediğim gibi, Raman ile ilk karşılaştığım andan itibaren onun, o ana değin sahip olmadığım erkek kardeşim olduğunu hissettim. Bu gece burada karşında oturmuş, yüzündeki gizemli ifadeye bakarken aynı enerjiyi ve bağı duyumsuyorum. Arkadaş olduğumuzdan beri seni her zaman küçük kardeşim olarak algıladığımı da ekleyeceğim. Gerçeği söylemek gerekirse, sende kendimden çok fazla şey gördüm."

"Müthiş bir avukattın Julian. Üretkenliğini hiçbir zaman

unutmayacağım."

Kendi geçmişine ilgi duymadığı açıktı.

"John, Yogi Raman'ın öyküsündeki unsurları anlatmaya devam etmek istiyorum, ama bunu yapmadan önce bir şeyi doğrulamam gerekiyor. Şu ana değin, istikrarlı biçimde uyguladığında sende harikalar yaratabilecek olan kişisel değişim için son derece etkin birçok stratejiyi öğrendin. Bu gece sana kalbimi açacağım ve bildiğim her şeyi sana anlatacağım; çünkü bu benim görevim. Yalnız, senin de bu tip bir rehberlik arayan kişilere bu bilgeliği aktarmanın ne kadar önemli olduğunu tam olarak anladığından emin olmak istiyorum. Çok büyük sorunları olan bir dünyada yaşıyoruz. Dünyayı olumsuzluk sarmış ve toplumumuzdaki birçok kişi dümensiz gemiler gibi savruluyor; onları kayalık kıyılara çarpmaktan koruyacak bir fener arayışında olan zavallı ruhlar... Bir anlamda kaptanlık etmelisin. Sivana Bilgelerinin mesajını ona ihtiyacı olan herkese ulaştıracağın konusunda sana güvenebilir miyim?"

Biraz düşündükten sonra, Julian'a bu görevi kabul edeceğim konusunda inançla söz verdim. Bunun üzerine tutkulu bir şekilde devam etti. "Tüm çabalardaki güzellik, başkalarının yaşamlarını daha iyi duruma getirmeye çalıştıkça, kendi yaşamının da en yüksek boyutlarına yükselmesidir. Bu gerçek, olağanüstü yaşama ilişkin eski bir paradigmaya dayanmaktadır."

"Can kulağıyla dinliyorum."

"Temelde, Himalayalar'daki bilgeler, yaşamlarını basit bir kural ile yönlendirirler; her kim ki en fazla kişiye hizmet eder, o kişi duygusal, fiziksel, zihinsel ve spiritüel açıdan en fazlasını elde eder. Bu, iç huzura ve dış doyuma giden yoldur."

Bir yerde, başkalarını inceleyen kişilerin bilge, kendilerini inceleyen kişilerin ise aydınlanmış olduklarını okumuştum. Burada, belki de ilk kez olarak, kendisini gerçek anlamda tanıyan ve olasılıkla kendi en derinlerini bilen bir adam görüyorum. Yalın giysileri içinde ve yumuşak yüzünde taptaze bir Buda gülümseyişiyle Julian Mantle, her şeyi var gibi duruyordu; ideal sağlık, mutluluk ve evren kaleydoskopunda kendi rolüne ilişkin aşkın bir duyum. Ama hiçbir şeyi yoktu.

Julian, "Bu yol, beni fener kulesine götürür" diyerek konuyu göreve odakladı.

"Bunun Yogi Raman'ın öyküsünde nereye yerleştiğini merak ediyorum."

Duyusal dünyayı terk etmiş, avukatlıktan bilgeliğe ulaşmış bir kişiden çok iyi eğitilmiş bir profesör edasıyla "Açıklamaya çalışacağım" diye cevap verdi. "Artık zihnin verimli bir bahçe olduğunu ve ürün vermesi için onu her gün beslemen gerektiğini biliyorsun. Saf olmayan düşünceler ve eylemler gibi zararlı otların zihin bahçeni ele geçirmesine asla izin verme. Zihninin bahçesinin bekçisi ol. Onu sağlıklı ve güçlü duruma getir; yaşamında mucizeler yaratması, buna izin vermene bağlı."

Duraksayarak söyledikleri üzerinde kısa bir süre düşünmeme izin verdikten sonra devam etti:

"Bahçenin tam ortasında görkemli bir fener kulesi olduğunu hatırlıyorsundur. Bu sembol aydınlanmış bir yaşantı için sana eski bir ilkeyi anımsatacak; yaşamın amacı, amacı olan bir yaşamdır. Gerçek anlamda aydınlanmış kişiler duygusal, maddesel, fiziksel ve spiritüel açıdan yaşamdan ne istediğini bilen kişilerdir. Yaşamının her yönü için açıkça tanımlanmış öncelikler ve hedefler, deniz fenerininkine benzer bir rol oynayarak sana denizde hava bozduğunda kılavuzluk eder ve sığınak olur. Gördüğün gibi John, gittiği yönü değiştirdiği anda herkes yaşamında devrim yaratabilir. Fakat nereye gittiğini bilmezsen, oraya ulaştığını nasıl anlayabilirsin?"

Julian beni, Yogi Raman'ın bu prensibi onunla birlikte ele aldığı zamanlara götürdü. Bilgenin söylediklerini kelimesi kelimesine hatırlıyordu. Yogi Raman, "Yaşam ne kadar tuhaf. İnsanlar ne kadar az çalışırlarsa mutluluğu yakalama şanslarının o kadar fazla olduğunu düşünürler. Ancak mutluluğun gerçek kaynağı tek kelimede özetlenebilir; başarı. Kalıcı mutluluğa, hedeflerine, sürekli çalışarak ve yaşamın amacı yönünde güvenle ilerleyerek ulaşılır. Bu, derinlerde bir yerde saklanan iç ateşinizi canlandırmanın sırrıdır. Himalayalar'da yaşayan bir grup mistik bilge ile konuşmak için başarı odaklı toplumundan binlerce mil uzağa gelip de mutluluğun ebedi sırrının başarı olduğunu öğrenmen biraz ironik görünebilir, ancak bu doğru."

Muzip bir ifadeyle şöyle dedim: "İşkolik bilgeler?"

"Tam tersi. Bilgeler muazzam bir şekilde üretken insanlar olsa da üretkenlikleri çılgınlık boyutlarında değildir. Onun yerine barışçı, odaklanmış, Zen'e benzer bir üretkenliktir."

"Nasıl yani?"

"Onların yaptığı her şeyin bir amacı vardı. Modern dünyadan uzaklaşmalarına ve son derece spiritüel bir varoluş içinde yaşamalarına karşın, oldukça verimliydiler. Kimileri felsefi konulara eğilirken, öbürleri zihinlerini güçlendiren ve yaratıcılıklarını artıran düşsel, zengin ifadelerle dolu şiirler yazardı. Ancak kimileri de tam bir dalıncın sessizliği içerisinde zamanlarını geçirir ve eski lotus pozisyonunda oturan aydınlanmış heykeller gibi görünürlerdi. Sivana Bilgeleri zamanlarını boşa harcamadılar. Onların kolektif bilinci, yaşamlarının bir amacı olduğunu ve görevlerinin onu gerçekleştirmek olduğunu söylüyordu."

Sözlerinin bende bıraktığı etkiyi görmek için bir süre sustu.

"Yogi Raman'ın bana, 'Burada, zamanın durmuş gibi göründüğü Sivana'da, bir grup yalın, hiçbir malvarlığı olmayan bilgenin neye ihtiyaçları olabileceğini veya neyi başarmak isteyebileceklerini merak ediyor olabilirsin. Ancak başarı maddesel olmak zorunda değildir. Kişisel olarak benim amaçlarım zihinsel huzura, bilgeliğe ve aydınlanmaya ulaşmaktır. Bu hedeflerime ulaşamadan yaşamım sona ererse kendimi hedeflerime ulaşamamış, doyumsuz ve boşuna yaşamış biri gibi hissederek öleceğime eminim,' dedi."

Julian, Sivana'daki öğretmenlerinden birinin kendi ölümü hakkında konuştuğunu ilk kez duyuyormuş. Yogi Raman, yüzündeki ifadeden şaşkınlığını anlamış. "Sakin bir tavırla 'Endişelenmene gerek yok dostum' dedi ve devam etti. Söylediklerini sana aynen aktaracağım John. 'Yüz yaşımın üzerindeyim ve yakında ölmek gibi bir niyetim yok. Anlatmaya çalıştığım, yaşamın boyunca ulaşmak istediğin hedeflerini somut olarak bildiğin zaman, bunlar maddesel, duyusal, fiziksel veya spiritüel olabilir, günlerini onları gerçekleştirmek için çaba göstererek geçirirsen sonunda ebedi mutluluğu yakalayacağındır. Bu muhteşem gerçeği kavrarsan senin yaşamın da benimki gibi haz dolu olabilir. Fakat önce yaşamının amacını bilmeli ve sonra da bu vizyonu tutarlı eylemlerin ile gerçeğe dönüştürmelisin. Biz bilgeler buna Dharma deriz; Sanskritçede bu yaşamın amacı anlamına gelir' deyince sözünü keserek yaşam boyu süren mutluluk Dharma'nın gerçekleşmesi ile mi kazanılır diye sordum. 'Muhtemelen,' dedi. 'Dharma'dan iç uyum ve uzun süreli tatmin fışkırır. Dharma, bu dünyada yaşamını sürdüren her birimizin cesaret gerektiren bir görevimiz olduğunu söyleyen eski bir ilkeye dayanır. Hepimize bu yaşamsal görevi kolayca gerçekleştirmemiz için benzersiz yetenekler ve özellikler verilmiştir. Buradaki anahtar, onları keşfetmek ve bunu yaparken de yaşamın esas amacını keşfetmektir, dedi."

Bu kez ben Julian'ın sözünü kestim: "Daha önce risk almakla ilgili söylediğin türde bir şey."

"Belki evet, belki hayır."

"Seni takip edemiyorum."

"Hangi konuda en iyi olduğunu ve yaşam amacının özünü keşfetmek için birkaç risk almak zorundaymışsın gibi görünebilir. Birçok insan kendi varoluşlarının gerçek amacını keşfettikleri anda ilerlemelerinin önünde engel oluşturan işlerini bırakır. Kendini inceleme ve ruhsal arayışlarda her zaman belirgin bir risk vardır. Fakat aslında yoktur, çünkü kendini ve yaşamının görevini keşfetmenin hiçbir zaman riski yoktur. İç bilgi aydınlanmanın DNA'sıdır. Bu, çok iyi ve aslında bulunması zorunlu bir şeydir."

"Senin Dharma'n nedir Julian?" Bunu gittikçe alevlenen merakımı gizlemeye çalışarak öylesine bir şeymiş gibi sormuştum.

"Benimki basit; kendini önemsemeden başkalarına hizmet etmek. Uyuyarak, dinlenerek veya zamanını bir aylak gibi geçirerek gerçek mutluluğu bulamayacağını hatırla. Benjamin Disraeli'nin söylediği gibi, 'Başarının sırrı, amaçtaki istikrardır.' Aradığın mutluluk kendini başarmaya adadığın değerli amaçlara yönelmek ve sonra da onları daha iyiye götürmek için her gün çaba harcamakla elde edilir. Bu, en önemli şeylerin hiçbir zaman en az önemli şeylere feda edilmemesi gerektiğini söyleyen ebedi felsefenin doğrudan uygulanmasıdır. Yogi Raman'ın öyküsündeki deniz feneri sana her zaman, açıkça tanımlanmış, belirli bir amaca yönelik hedeflerin koyulmasının gücünü ve en önemlisi de onları gerçekleştirmek için karakter gücünün değerini hatırlatacaktır."

Sonraki birkaç saat boyunca Julian'dan son derece gelişmiş, potansiyelini tam olarak kullanan kişilerin, yeteneklerini araştırma, kişisel amaçlarını keşfetme, sonra da insani becerileri bu çağrıya yöneltmenin önemini anladıklarını öğrendim. İnsanlığa karşı hizmetlerini kendilerini önemsemeden kimileri hekim olarak, kimileri de sanatçı olarak sunarlar. Kimileri iletişim konusunda yetenekli olduklarını keşfeder ve öğretmen olurlar. Kimileriyse potansiyellerinin iş dünyası veya bilim alanında yenilikler yapma yönünde olduğunu anlarlar. Buradaki anahtar, kendi cesaret gerektiren görevini bulmak için disiplin ve vizyona sahip olmak ve görevi gerçekleştirirken bunun diğer insanlara hizmet ettiğinden emin olmaktır."

"Bu bir hedef koyma biçimi mi?"

"Amaçlarını belirlemek başlangıç noktasıdır. Amaçlarını ve hedeflerini belirlemek seni amacına ulaştıran yola yönelten yaratıcı özler salgılar. İster inan, ister inanma Yogi Raman ve diğer bilgeler amaçları konusunda çok hırslıydı."

"Şaka yapıyorsun. Himalayalar'ın ücra köşelerinde yaşayan, bütün gece meditasyon yapan ve gün boyunca da hedef koyan son derece verimli bilgeler... Buna bayıldım!"

"John, her zaman sonuçlara bakarak yargıla. Bana bak. Kimi zaman aynaya baktığımda ben bile kendimi tanıyamıyorum. Bir zamanlar doyumsuz olan varlığımın yerini bolca macera, gizem ve heyecan içeren bir varoluş aldı. Yeniden gencim ve sağlığım ışık saçıyor. Gerçek anlamda mutluyum. Seninle paylaştığım bilgelik o kadar güçlü, o kadar önemli ve o kadar yaşam dolu ki kendini ona açmalısın."

"Öyle yapıyorum Julian, gerçekten. Bana söylediğin her şey çok mantıklı, fakat kimi teknikler biraz tuhaf gibi. Yine de onları denemeye söz verdim ve deneyeceğim. Bu bilginin etkili olduğunu kabul ediyorum."

Julian alçakgönüllülükle, "Başkalarından daha uzağı görebilmişsem, bunun nedeni harika öğretmenlerimin omuzlarında yükselmiş olmamdır" dedi. "Sana başka bir örnek vereyim. Yogi Raman okçulukta bir uzmandı, gerçek bir usta. İnsanın yaşamının her boyutunda açıkça tanımlanmış hedefler koymasının ve görevini gerçekleştirmesinin önemine ilişkin felsefesini göstermek için bana hiçbir zaman unutamayacağım bir gösteri yaptı. Oturduğumuz yerin yakınlarında heybetli bir meşe ağacı vardı. Bilge her zaman taşıdığı çelenkteki güllerden birini çıkardı ve onu ağacın gövdesinin ortasına yerleştirdi. Sonra, bizim gezindiğimize benzeyen uzak dağlara yaptığı yolculuklarda hiç yanından ayırmadığı kocaman heybesinden üç şey çıkardı. Birincisi onun en sevdiği yayıydı; harika kokulu ve sağlam bir sandal ağacından yapılmıştı. İkincisi bir oktu. Üçüncüsü bembeyaz bir mendildi; yargıçları ve jüriyi etkilemek için giydiğim pahalı takımların göğüs cebine koyduğum cinsten bir mendil." Julian son sözünü özür diler gibi bir havada söylemişti.

Yogi Raman Julian'dan mendili gözlerini kapatacak şekilde bağlamasını istedi.

"Gülden ne kadar uzaktayım?" diye sordu Yogi Raman öğrencisine.

"100 feet" diye yaklaşık bir tahminde bulundu Julian.

"Günlük yaşamımda bu eski okçuluk sporunu yaparken beni hiç gözlemledin mi?" diye sordu bilge; yanıtın ne olduğunu bilerek.

"Üç yüz feet mesafeden hedefi tam ortasından vurduğunu görmüştüm ve şu andaki mesafeden tek bir hedefi bile ıskaladığınızı hatırlamıyorum" dedi Julian ödevini yapmış bir öğrenci edasıyla.

Daha sonra gözleri mendil ile bağlanmış öğretmen, ayaklarını yere sağlamca basıp vücudunu iki ayağı üzerinde uygun bir şekilde dengeleyerek tüm enerjisiyle yayını çekti ve oku fırlattı. Ok koca meşe ağacına gürültüyle çarptı, hedefi utanç verici bir mesafe ile ıskalamıştı.

Julian düş kırıklığıyla, "Bana fevkalade yeteneklerinizden birini sergileyeceğinizi düşünmüştüm Yogi Raman. Ne oldu?" diye sordu.

"Bu ücra köşeye gelmemizin tek bir nedeni vardı. Tüm dünyevi bilgeliğimi sana anlatmayı kabul etmiştim. Bugünkü gösteri, yaşamına açıkça tanımlanmış hedefler koymanın ve tam olarak nereye gittiğini bilmenin önemi konusundaki tavsiyemi pekiştirmek anlamını taşıyor. Biraz önce gördüğün hedeflerine ulaşmaya ve yaşamdaki amacını gerçekleştirmeye çalışan bir kişi için en önemli prensibi doğruluyor; göremediğin bir hedefi asla tutturamazsın. İnsanlar tüm yaşamlarını refaha ulaşmanın tutkusuyla daha mutlu, daha dolu dolu geçirme hayalleri kurarak tüketirler. Ama Dharma'ları, yaşamlarının gerçek anlamı üzerinde derin derin düşünüp amaçlarını bir kenara yazmak için ayda on dakika harcamanın önemini kavrayamazlar. Hedef koymak yaşamınızı muhteşem hale getirir. Dünyanız zenginleşir, daha haz verici, sihirli bir yer olur" dedi. Kısa bir süre öğrencisini süzdükten sonra devam etti:

"Gördüğün gibi Julian, atalarımız bize zihinsel, fiziksel ve spiritüel dünyamızda arzu ettiklerimiz için açıkça tanımlanmış hedefler koymanın onların gerçekleşmesi için kritik önem taşıdığını öğretmişlerdir. Senin geldiğin dünyada insanlar kendilerine finansal ve maddi hedefler koyarlar. Ancak kendi kendinin efendisi olmak ve iç aydınlanmaya ulaşmak için başka alanlarda da sağlam hedefler belirlemen gerekir. Arzu ettiğim iç huzur, her gün hissettiğim enerji ve etrafımdaki herkese sunduğum sevgi açısından kendime açıkça tanımlanmış hedefler koyduğumu söylersem şaşırır mısın? Hedef koymak sadece senin gibi maddesel anlamda çekici şeylerle dolu bir dünyada yaşayan seçkin avukatlar için değildir. İç dünyalarının olduğu kadar dış dünyalarının da kalitesini artırmak isteyen herkes bir parça kâğıda yaşamdaki hedeflerini yazmaya başlayarak iyi bir başlangıç yapmış olur. Bu yapıldığı anda bu hayalleri gerçeğe dönüştüren doğal kuvvetler iş başına geçer."

Julian'ın sanki tekrar yaşıyormuş gibi anlattığı şeyleri büyülenmiş gibi dinliyordum. Lisede futbol oynarken koçumuz bize sürekli, her maçtan ne istediğimizi bilmenin önemini anlatırdı. Kişisel ilkesi "Sonucun ne olacağını bilin"di ve takımını zafere götürecek belirgin bir maç planı kurmadan oyun sahasına çıkmak gibi bir hayali yoktu. Yaşım ilerledikçe, kendi yaşamım için neden bir oyun planı geliştirmek için düşünecek hiç zamanım olmadığını merak ettim. Belki Julian ve Yogi Raman'ın bununla ilgili söyleyecekleri olabilirdi.

"Bir parça kâğıda hedeflerinizi yazmanın nesi özel olabilir ki? Bu kadar basit bir eylem nasıl böyle bir fark yaratabilir?" diye sordum.

Bu Julian'ın hoşuna gitti. "Açık merakın bana ilham veriyor, John. İstek, ömür boyu başarılı bir yaşantı sürmenin ana unsurlarından biridir ve her zerrende hâlâ buna sahip olmandan memnunum. Önce, her birimiz ortalama bir günde yaklaşık 60.000 şey hakkında düşünürüz. Amaçlarınızı ve hedeflerinizi bir kâğıda yazdığımızda bilinçaltımıza bir kırmızı alarm göndermiş ve bu düşüncelerin geri kalan 59.999 düşünceden çok daha önemli olduğunu belirtmiş oluruz. Bunun üzerine zihnimiz güdümlü bir füze gibi amacımızı gerçekleştirmek için tüm fırsatları araştırmaya başlar. Bu gerçek anlamda bilimsel bir süreçtir. Çoğumuz bunun farkında değiliz."

"Partnerlerimden birçoğu hedef koyma konusunda çok iddialı. Bu açıdan düşünüldüğünde, bu kişiler maddi açıdan tanıdığım en başarılı kişiler. Ancak bunların en dengeli kişiler olduğunu düşünmüyorum" dedim.

"Belki de onlar doğru hedefleri koymuyorlar. Gördüğün gibi John, yaşam bize daha çok ondan istediğimiz şeyleri verir. Çoğu insan kendini daha iyi hissetmek, daha enerjik olmak veya daha doyumlu yaşamak ister. Fakat onlara tam olarak ne istediklerini sorduğun zaman yanıt veremezler. Hedeflerini koyduğun ve Dharma'nı aramaya başladığın anda yaşamını değiştirmiş olursun" dedi Julian, söylediklerinin gerçekliğiyle gözleri parlayarak.

"Tuhaf bir ismi olan biriyle karşılaşıp sonra da o ismin her yerde, gazetelerde, televizyonda veya ofiste karşına çıktığını fark etmeye başladığın oldu mu hiç? Ya da yeni bir konuya, örneğin balık tutmaya merak sarıp da sonra her yerde balık tutmanın ne harika bir şey olduğu hakkında konuşmalar duyduğun oldu mu? Bu, Yogi Raman'ın joriki dediği, artık 'konsantre olmuş zihin' anlamına geldiğini öğrendiğim hiçbir zaman eskimeyen prensibine bir örnekten başka bir şey değil. Zihinsel enerjinin her zerresini kendini keşfetmeye odakla. Hangi konuda iyi olduğunu ve seni neyin mutlu edeceğini bul. İşin hukuki konular, fakat sabrın ve öğretme aşkını göz önüne alırsak, aslında belki de öğretmen olmak için yaratıldın. Belki de hayal kırıklığına uğramış bir ressam veya heykeltıraşsın. Ne olursan ol, tutku duyduğun şeyi bul ve sonra onu izle."

"Artık gerçekten bunun üzerinde düşünmeye başladım;

yaşamımın sonuna gelip de potansiyelimi ortaya çıkaracak ve başkalarına az da olsa yardım edecek özel bir deham olduğunu fark etmemem çok acı olurdu."

"Bu doğru. Öyleyse bu andan itibaren yaşamdaki amacının tamamıyla bilincine var. Zihnini etrafındaki olasılıklar evrenine aç. Daha fazla keyif duyarak yaşamaya başla. İnsan zihni dünyanın en büyük süzgecidir. Doğru kullanıldığında önemsiz şeyleri süzer ve sana sadece o sırada aradığın bilgiyi sunar. Tam da şu anda, seninle oturma odanda otururken, dikkat etmediğimiz binlerce olmasa da yüzlerce şey oluyor etrafımızda. Kıyıdan uzanan ahşap iskelede kıkırdayarak yürüyen âşıkların sesi, arkandaki akvaryumun içindeki Japon balığının sesi, klima cihazından çıkan havanın sesi ve kalbinin sesi var. Kalbimin atışına odaklanmaya karar verdiğim anda onun ritmini ve özelliklerini fark etmeye başlarım. Benzer şekilde, zihnini yaşamının asıl amaçlarına odaklamaya başladığın zaman zihnin önemsiz şeyleri süzmeye ve sadece önemli olana odaklanmaya başlar."

"Gerçeği söylemem gerekirse, amacımı keşfetme zamanımın geldiğini düşünüyorum. Beni yanlış anlama, yaşamımda bir sürü harika şey var. Fakat bunlar olmaları gerektiği kadar mutluluk verici değil. Dünyadan bugün ayrılsam, büyük bir fark yarattığımı söyleyebileceğimden emin değilim."

"Bu sana kendini nasıl hissettiriyor?"

Tam bir dürüstlük ile "Üzgün" diye cevap verdim. "Yeteneğim olduğunu biliyorum. Aslında daha gençken çok iyi bir sanatçıydım. Bu, bana daha dengeli bir yaşam sürme ümidi veren avukatlık mesleğine başlayıncaya kadar devam etti."

"Ressamlığı meslek olarak seçmek ister miydin?"

"Bunun üzerinde çok fazla düşünmedim. Ama sana bir şey söyleyeyim. Resim yaptığım zaman sanki Cennetteydim."

"Seni gerçekten heyecanlandırıyordu, değil mi?"

"Kesinlikle. Atölyemde resim yaparken zamanın nasıl geçtiğini fark etmezdim. Tuvalde kendimi kaybederdim. Bu gerçek anlamda bir kendini bırakma haliydi. Sanki zamanın ötesine geçip başka bir boyuta kayardım."

"John, bu, zihnini sevdiğin şeyi bulmaya odaklanma gücüdür. Goethe der ki 'Bizi şekillendiren ve tarz kazandıran, sevdiğimiz şeylerdir.' Belki senin Dharma'n dünyayı güzel görüntüler ile aydınlatmaktır. En azından her gün resim yapmaya zaman ayırarak işe başlayabilirsin."

Gülümseyerek "Bu felsefeyi yaşamımı değiştirmek yerine daha az ezoterik konulara uyarlasam olmaz mı?" diye sordum.

Julian beni "Bu iyi olabilir. Örneğin ne?" diyerek yanıtladı.

"Örneğin amaçlarımdan biri, küçük bir amaç da olsa, beni belimde bir otomobil lastiği varmış gibi gösteren fazla kilolarımdan kurtulmak. İşe nereden başlamam gerekir?"

"Utanç duyma. Hedef koyma ve hedefe ulaşma sanatında ustalaşmak için küçük şeylerle başlaman gerekir."

Sezgisel bir şekilde "Binlerce millik bir yolculuk tek bir adımla başlar mı diyorsun?" diye sordum.

"Kesinlikle. Üstelik küçük amaçları gerçekleştirmek seni daha büyük amaçları gerçekleştirmeye hazırlar. Yani, sorunu kategorik olarak yanıtlarsam, büyük amaçlarını planlama sürecinde daha küçük hedefleri belirlemekte yanlış bir şey yok."

Julian, Sivana Bilgelerinin hedeflerine ulaşmak ve yaşamlarındaki amaçları gerçekleştirmek için beş aşamalı bir yöntem geliştirdiklerini söyledi. Bu basit, pratik bir yöntemdi ve işe yarıyordu. Birinci aşama, zihinde sonucu açık bir şekilde canlandırmaktı. Bu, kilo vermek ise, Julian her sabah kalktıktan sonra kafamda kendimi ince, dinç, canlı ve sınırsız enerji ile dolu bir kişi olarak canlandırmam gerektiğini söyledi. Bu zihinsel imaj ne kadar berrak olursa süreç o kadar etkili olacaktı. Julian zihinde sonsuz bir güç hazinesi olduğunu ve bu basit 'canlandırma' eyleminin arzunun gerçekleşmesine giden kapıyı açacağını söyledi. İkinci aşama ise kendim üzerinde kısmen de olsa pozitif bir baskı oluşturmaktı.

"İnsanların verdikleri kararlara bağlı kalamamalarının esas nedeni eski alışkanlıklarına geri dönmenin çok kolay olmasıdır. Baskı her zaman kötü bir şey değildir. Baskı büyük amaçlara ulaşmak için ilham verebilir. İnsanlar genellikle zora geldiklerinde ve kendi içlerinde yatan insani potansiyeli kullanmaya zorlandıklarında müthiş başarıları yakalarlar."

Şimdi, bu yöntemi daha erken kalkmaktan daha sabırlı ve sevecen bir baba olmaya kadar her şeye uyarlama olasılıklarını düşünmeye başlamıştım. "Üzerimde bu 'pozitif baskıyı' nasıl yaratabilirim?" diye sordum.

"Bunu yapmanın bir sürü yolu var. En iyi yöntemlerden biri çevrendekilerin baskısıdır. Tanıdığın herkese kilo vereceğini veya roman yazacağını ya da hedefin ne ise onu anlat. Hedefini insanlara anlattığın anda, üzerinde bunu başarmak için çaba göstermen yönünde bir baskı oluşacaktır, çünkü kimse başarısız görülmek istemez. Sivana'daki öğretmenlerim bu bahsettiğim pozitif baskıyı yaratmak için daha dramatik yöntemler kullanıyordu. Birbirlerine eğer aldıkları kararlara uymazlarsa, örneğin bir hafta süreyle aç yaşayacaklarını ya da sabah 4'te kalkıp buz gibi bir çağlayana giderek kolları ve bacakları uyuşuncaya kadar suyun içinde duracaklarını söylüyorlardı. Bu, baskının iyi alışkanlıklar edinmek ve hedeflere ulaşmak için oluşturduğu güce uç bir örnek."

"Uç bence hafif kalıyor. Ne kadar garip bir ritüel bu!"

"Ama son derece etkili. Buradaki önemli nokta, zihnini, keyfin iyi alışkanlıklar ve cezanın kötü olanlarla ilişkili olduğu yönünde eğittiğin zaman zayıflıkların hızla bir kenara atılacağıdır."

"İsteklerimin gerçekleşmesi için izlemem gereken beş aşama olduğunu söyledin. Geri kalan üçü nedir?" diye sordum sabırsızca.

"Evet John. Birinci aşama sonucu kafanda berrak bir şekilde canlandırmaktır. İkinci aşama motivasyonunu canlı tutacak pozitif baskı yaratmaktır. Üçüncü aşama basit; asla belirli bir süre koymadan hedef belirleme. Hedefine can vermek istiyorsan onu gerçekleştireceğin kesin bir tarih belirlemelisin. Bu, mahkeme için davalara hazırlanmana benzer; mahkeme günü belirlenmemiş davalar yerine her zaman, ertesi gün görülecek davalara dikkatini verirsin."

Julian, "Evet; bu arada bir kâğıda geçirilmeyen hedef, hedef değildir. Git bir defter al; spiralli ucuz bir defter işini görür. Buna 'Hayaller Defteri' adını ver ve ona tüm isteklerini, amaçlarını ve hayallerini yaz. Kendini ve ne olduğunu anlamaya başla" Dedi.

"Kendimi zaten tanımıyor muyum?"

"Çoğu insan tanımaz. İnsanlar güçlü yönlerini, zayıf yönlerini, umutlarını ve rüyalarını anlamaya zaman ayırmazlar. Çinliler görüntüyü şu terimlerle ifade ederler: Bir insanın suretini oluşturan üç ayna vardır; bunlardan ilki senin kendini nasıl gördüğündür. İkincisi, başkalarının seni nasıl gördüğüdür ve üçüncü ayna gerçeği yansıtır. Kendini tanı John. Gerçeği tanı."

"Hayaller Defteri'ni yaşamının farklı alanlarına ilişkin hedefler için farklı bölümlere ayır. Örneğin, fiziksel zindelik hedefleri, finansal hedefler, kişisel güçlenme hedefleri, ilişkilerle ilgili veya sosyal hedefler ve belki de en önemlisi spiritüel hedefler için ayrı bölümler olabilir."

"Hey, bu kulağa harika geliyor! Kendim için şimdiye kadar hiç bu kadar yaratıcı bir şey yapmamıştım. Gerçekten kendimi daha fazla zorlamaya başlamam gerekiyor."

"Kabul ediyorum. Öğrendiğim oldukça etkili diğer bir teknik Hayaller Defteri'ne arzu ettiğin şeylerin ve başka birinden daha iyisini yapmak istediğin konularda becerilere, yeteneklere ve niteliklere sahip olan kişilerin resimlerini çizmektir. Senin durumuna, belindeki "otomobil lastiğine" geri dönecek olursak, kilo vermek ve fiziksel olarak çarpıcı görünmek istiyorsan, bir maraton koşucusunun ya da seçkin bir sporcunun resmini Hayaller Defterine yapıştır. Dünyanın en iyi kocası olmak istiyorsan, neden bunu temsil eden bir kişinin, örneğin babanın resmini defterinin ilişkiler bölümüne yapıştırmayasın? Deniz kıyısında bir yazlık ev veya spor bir araba hayal ediyorsan, bu nesnelerin ilham verici resimlerini bul ve defterinde bunları kullan. Sonra defterine her gün bak, en azından birkaç dakika. Onunla dost ol. Sonuçlar seni şaşırtacak."

"Bu, oldukça devrimci bir şey, Julian. Demek istediğim, bu fikirler yüzyıllardır varolmasına rağmen, tanıdığım herkes günlük yaşamlarının kalitesini en azından bunların birkaçını uygulamaya geçirerek artırabilir. Eşim Hayaller Defteri edinmeye bayılacak. Muhtemelen içini benim muhteşem kalçamın resimleri ile dolduracak."

Julian teskin edici bir ses tonuyla "Bu gerçekten büyük bir şey değil" dedi.

Büyük bir gülümsemeyle "Peki o zaman neden Jenny bana Bay Kurabiye diye sesleniyor?" diye sordum.

Julian gülmeye başladı. Ben de ona katıldım. Kısa süre sonra ikimiz de gülmekten yerlerde kıvranıyorduk.

Hâlâ kıkırdayarak "Kendine gülemiyorsan kime güleceksin ki?" dedim.

"Çok doğru dostum. Önceki yaşam tarzıma zincirlenmişken esas problemlerimden biri yaşamı çok fazla ciddiye almaktı. Şimdi daha oyunbaz ve çocuksuyum. Ne kadar küçük olursa olsun, yaşamın tüm nimetlerinin keyfini çıkarıyorum."

"Kafam dağıldı. Sana anlatacak çok fazla şeyim var ve hepsi de aynı anda kafama üşüşüyor."

"Amaçlarına ulaşmak ve hedeflerini gerçekleştirmek için beş aşamalı yönteme geri dönelim. Sonucu zihninde berrak bir şekilde canlandırdıktan, onun üzerinde ufak bir baskı yarattıktan, son tarih belirledikten ve amaçlarını bir deftere yazdıktan sonraki aşama Yogi Raman'ın 'Sihirli Yirmi Bir Kuralı'nı uygulamaktır. Onun dünyasındaki eğitimli kadınlar ve erkekler yeni bir davranışın bir alışkanlığa kristalize olması için kişinin o eylemi birbirini izleyen yirmi bir gün boyunca yapması gerektiğine inanırlar."

"Yirmi bir gün olmasının özelliği ne?"

"Bilgeler yaşamlarının gidişatını yönlendiren yeni ve haz verici alışkanlıklar yaratmada mükemmel üstatlardı. Bir zamanlar Yogi Raman bana bir kez edinildiğinde kötü bir alışkanlığın silinemeyeceğini söylemişti."

"Ama gece boyunca bana yaşam tarzımı değiştirmem yönünde esin verdin. Kötü alışkanlıklarımdan hiçbir zaman kurtulamazsam bunu nasıl başarabilirim?"

Julian kesin bir ifadeyle yanıtladı: "Kötü alışkanlıkların hiçbir zaman silinemeyeceğini söyledim. Negatif alışkanlıkların yerine iyi alışkanlıkların koyulamayacağını söylemedim."

"Oh, Julian. Her zaman bir Semantik Kralı olmuşsundur. Yine de neden söz ettiğini anladığımı sanıyorum."

"Yeni bir alışkanlığı kalıcı bir şekilde yerleştirmenin tek yolu ona çok fazla enerji yöneltmek ve böylece eski alışkanlığın istenmeyen bir misafir gibi ortadan kaybolmasını sağlamaktır. Alışkanlık edinme yirmi bir günde gerçekleşir; bu, yeni bir nöron bağlantısının kurulması için geçen süredir."

"Diyelim ki, kaygı alışkanlığından kurtulmak ve daha yavaş bir ritimde yaşamak için Gülün Kalbi tekniğini uygulamaya başlamak istedim. Bunu her gün aynı zamanda mı yapmam gerekir?"

"İyi bir soru. Sana söyleyeceğim ilk şey, asla hiçbir şey yapmanın gerekmediği. Bu gece seninle paylaştığım her şeyi sana gelişmen ve ilerlemen konusuna gerçekten ilgi duyan bir dostun olarak sunuyorum. Her strateji, yöntem ve teknik etkinlik ve ölçülebilir sonuçlar açısından zaman testinden geçmiştir. Bu konuda sana güvence veririm. Ve kalbim bana bilgelerin yöntemlerinin tümünü denemen için senden ricada bulunmam gerektiğini söylese de aklım bana sadece görevimi yerine getirmemi ve bilgeliğimi seninle paylaşmamı ve uygulamayı sana bırakmamı söylüyor. Daha açık bir deyişle hiçbir şeyi yapmak zorunda olduğun için yapma. Bir şey yapmanın tek nedeni onu istemen ve senin için doğru olanın o olduğunu bilmendir."

"Kulağa mantıklı geliyor. Endişelenme; bir an bile bu bilgileri bana zorla vermeye çalıştığın hissine kapılmadım. Her neyse, bugünlerde bana zorla yutturabileceğin tek şey bir kutu kurabiye olabilir ve bu da çok fazla bir şey değil" dedim muzipçe.

Julian ihtiyatlı bir şekilde gülümsedi. "Sağ ol dostum. Şimdi sorunu yanıtlayayım; sana önerim Gülün Kalbi yöntemini her gün aynı yerde ve aynı saatte denemendir. Ritüelin muazzam bir gücü vardır. Her gün aynı yemeği yiyen veya büyük bir maçtan önce ayakkabılarının bağcıklarını aynı şekilde bağlayan yıldız sporcular ritüelin gücünü devreye sokmuş olurlar. Aynı törenlere katılan, aynı giysileri giyen kilise üyeleri de ritüelin gücünü kullanırlar. Hatta büyük bir sunumdan önce aynı yolda yürüyen veya aynı şekilde konuşan işadamları bile ritüelin gücünden yararlanırlar. Gördüğün gibi, yaşamındaki rutine her gün aynı saatte aynı şekilde yaptığın herhangi bir etkinliği yerleştirdiğinde hızla bir alışkanlık halini alır."

Bir an durduktan sonra son bir örnek vererek devam etti. "Örneğin, çoğu insan sabah kalktıklarında ne yaptıklarını bir an bile düşünmeden aynı şeyi yaparlar. Gözlerini açarlar, yataktan kalkarlar, banyoya giderler ve dişlerini fırçalamaya başlarlar. Dolayısıyla, yirmi bir gün boyunca hedefine bağlı kalman ve yeni eylemini o günler içinde aynı saatte gerçekleştirmen sayesinde o bir alışkanlığa dönüşür. Kısa süre sonra yeni alışkanlığını, bu meditasyon da olabilir, daha erken kalkmak ya da her gün bir saat erken kalkmak da olabilir, dişlerini fırçalarken hissettiğin aynı kolaylık içerisinde gerçekleştirirsin."

"Amaçlarına ulaşmada ve hedef yolunda ilerlemede son

aşama nedir?"

"Bilgelerin yöntemindeki son aşama yaşam yolunda ilerlemen kadar kolay bir yöntem."

"Anlamaya çalışıyorum" dedim saygıyla.

"Sürecin keyfini çıkar. Sivana Bilgeleri sıklıkla bu felsefeden söz ederlerdi. Kahkahasız veya sevgisiz geçen bir günün, içinde yaşam olmayan bir gün olduğuna inanırlardı."

"Seni takip edebildiğimden emin değilim."

"Söylemeye çalıştığım, amaçlarına ve hedefine giden yolda ilerlerken eğlenmeyi ihmal etme. Dizginlenmemiş bir coşku ile yaşamanın önemini hiçbir zaman unutma. Tüm canlı varlıklardaki özel güzellikleri görmeyi ihmal etme. İkimizin paylaştığı bugün ve şu an bize verilmiş bir hediyedir. Yaşamdaki görevine odaklanmaya ve kendini başkalarının hizmetine sunmaya devam et. Evren geri kalan her şeyi halledecektir. Bu, tabiatın en gerçek yasalarından biridir."

"Ve hiçbir zaman geçmişte yaşadıklarından pişmanlık duyma?"

"Kesinlikle. Bu evrende kaos yoktur. Başına gelen ve gelecek olan her şeyin bir amacı var. Sana söylediğim şeyi hatırla John. Her deneyim dersler içerir. Önemsiz şeyleri büyütmeyi bırak. Yaşamının tadını çıkar."

"Bu kadar mı?"

"Seninle paylaşacağım daha çok bilgelik var. Yoruldun mu?"

"En ufak bir yorgunluk hissetmiyorum. Aslında oldukça motive olmuş hissediyorum. İnsanı motive etmekte üstüne yok Julian. Reklamlarda ürün tanıtmayı düşünmüş müydün?"

"Anlamadım" dedi nazikçe.

"Boş ver. Anlamsız şaka çabalarımdan biriydi."

"Tamam. Yogi Raman'ın öyküsüne devam etmeden önce hedeflerine ve hayallerine ulaşma konusunda kafana yerleştirmek istediğim son bir nokta var."

"Dinliyorum."

"Bilgelerin saygı dolu ifadeler ile dile getirdikleri bir kelime vardı."

"Söyle bana."

"Bu basit kelime onlar için derin bir anlam taşıyor gibi görünüyordu ve günlük konuşmalarına ayrı bir tat verirdi. Bahsettiğim sözcük tutku; görevinin peşinde giderken ve hedeflerine ulaşırken bu kelimeyi sürekli olarak zihninde tutmalısın. Yakıcı bir tutku hissi hayallerin için en güçlü yakıttır. Biz toplumumuzda tutkuyu kaybettik. Yapmayı sevdiğimiz şeyleri yapmıyoruz. Birtakım şeyleri yapmamızın nedeni onları yapmak zorunda olduğumuzu düşünmemiz. Bu mutsuzluğun formülüdür. Ve ben romantik tutkudan söz etmiyorum ki o da başarılı ve ilham dolu varoluşun başka bir yapı taşıdır. Benim bahsettiğim şey yaşama tutkusu. Her sabah kalkmanın mutluluğunu tam bir enerji ve coşku ile hisset. Yaptığın her şeye tutkunun ateşini üfle. Hızla büyük maddesel ve spiritüel ödüller elde edeceksin."

"Bu kolaymış gibi konuşuyorsun."

"Evet öyle. Bu geceden itibaren yaşamının kontrolünü tamamıyla ele geçir. Bir kez ve sonsuza kadar kaderinin efendisi olmaya karar ver. Kendi yarışında koş. İçinden gelen çağrıyı keşfet; o zaman esin dolu bir yaşamın mutluluğunu sürebilirsin. Son olarak, arkanda ve önünde olanların, içinde olanlar yanında hiçbir öneminin olmadığını her zaman hatırla."

"Sağ ol Julian. Bunu duymaya ihtiyacım vardı. Yaşamımda neyin eksik olduğunu bu geceye kadar fark edememişim. Gerçek bir hedeften yoksun bir şekilde, amaçsızca vakit geçiriyormuşum. Her şey değişecek. Sana söz veriyorum. Bunun için sana minnettarım."

"Rica ederim dostum. Ben sadece amacımı gerçekleştiriyorum."

Bölüm 8 Uygulamalarının Özeti
Julian'ın Bilgeliğinin Özü

Sembol

Erdem

Amacınıza Sadık Kalın

Bilgelik

- Yaşamın amacı, amacı olan bir yaşamdır.
- Yaşamdaki görevinizi keşfetmeniz ve sonra da onu gerçekleştirmeniz sürekli tatmini getirir.
- Açıkça tanımlanmış kişisel, mesleki ve spiritüel hedefler belirleyin ve sonra da onları gerçekleştirme cesaretine sahip olun.

Teknikler

- 'Kendini İnceleme Gücü'
- 'Hedeflere Ulaşmak İçin 5 Aşamalı Yöntem'

Alıntı Yapılabilecek Sözler

Dizginlenmemiş bir coşku ile yaşamanın önemini hiçbir zaman unutma. Tüm canlı varlıklardaki özel güzellikleri görmeyi ihmal etme. Bugün ve şu an bize verilmiş bir hediyedir. Amaçlarına odaklanmaya devam et. Evren geri kalan her şeyi halledecektir.

Ferrari'sini Satan Bilge

DOKUZUNCU BÖLÜM

Kendine Liderlik Etme Kadim Sanatı

İyi insanlar kendilerini sürekli güçlendirirler.

Konfüçyüs

"Zaman çabuk geçiyor" dedi Julian kendine bir fincan daha çay doldurmadan önce. "Yakında sabah olacak. Devam etmemi ister misin, yoksa bir gece için bu kadarı yeterli mi?"

Elinde böyle bilgelik mücevherleri tutan birinin öyküsünü anlatmayı yarıda bırakmasına izin vermem mümkün değildi. Dışardan öyküsü çılgınca görünmüştü. Ancak onu dinledikçe ve ona armağan edilen ebedi felsefeyi özümsedikçe anlattıklarına derinden inanır hale gelmiştim. Bunlar beş paralık bir satıcının kendi yüzeysel fikirleri değildi.

"Lütfen devam et Julian, dünyanın tüm zamanı bana ait. Çocuklar bugün büyükannelerinde kalıyorlar ve Jenny 'de daha uzun süre uyanmayacak."

Samimiyetimi hisseden Julian, Yogi Raman'ın daha verimli ve pırıltılı bir yaşam tarzı geliştirmeye yönelik bilgeliği tasvir etmek üzere ona anlattığı sembolik öyküyü açıklamaya devam etti.

"Sana, öyküdeki bahçenin, enfes hazineler ve sınırsız zenginliklerle dolu verimli zihin bahçeni simgelediğini söylemiştim. Ayrıca fener kulesinden ve onun amaçların gücünü ve yaşamın sana çağrısını keşfetmenin önemini temsil ettiğinden söz etmiştim. Öykünün devamında fener kulesinin kapısının yavaşça açıldığını ve üç metre boyunda dört yüz elli kilo ağırlığında bir Japon sumo güreşçisi çıktığını hatırlayacaksın."

"Kulağa kötü bir Godzilla filmi gibi geliyor."

"Küçükken onları severdim."

"Ben de. Ama şimdi dikkatini dağıtmama izin verme" diye yanıtladım.

"Sumo güreşçisi Sivana Bilgelerinin yaşamı değiştiren sisteminde çok önemli bir unsurdur. Yogi Raman bana asırlar önce eski Doğu'da büyük öğretmenlerin kaizen adlı bir felsefe geliştirip bunu rafine hale getirdiklerini anlatmıştı. Bu Japonca sözcük, sürekli ve bitmeyen iyileşme anlamına gelmektedir. Bu yükselen ve tam aydınlanmış bir varoluş yaşayan erkek ve kadınların alameti farikasıdır."

"Kaizen bilgelerin yaşamlarını nasıl zenginleştiriyor?" diye sordum.

"Önce de söz ettiğim gibi John, dışarıdaki başarı içerideki başarıyla başlar. Dış dünyanı iyileştirmeyi gerçekten istiyorsan, sağlık, ilişkiler veya finans açısından olsun önce iç dünyanı iyileştirmelisin. Bunu yapmanın en etkili yolu sürekli kendini geliştirme pratiğinden geçer. Kendini kontrol etme ustalığı yaşamı kontrol ustalığının DNA'sıdır."

"Julian, umarım bu sözlerime alınmazsın ama 'iç dünya' hakkında tüm bu konuştuklarımız bana hayli ezoterik geliyor. Benim sadece, garajında bir minivan ve çim biçme makinesiyle, yeşillikler içindeki banliyöde yaşayan orta sınıf bir avukat olduğumu hatırlamalısın. Dinle, şu ana dek bana söylediğin her şey anlamlıydı. Doğrusu, benimle paylaştıklarının çoğu kulağa sağduyunun sesi gibi geliyor, ancak bugün ve bu yüzyılda sağduyu pek de yaygın değil. Bu kaizen fikri ve iç dünyamı iyileştirmek konusunda biraz güçlük çekiyorum. Burada tam olarak neden söz ediyoruz?"

Julian'ın yanıtı hemen geldi: "Toplumumuzda hepimiz cehaleti büyük çoğunlukla zayıflık olarak damgalarız. Oysa bilgi eksikliğini dile getiren ve yolunu bulmak için yardım arayanlar herkesten önce aydınlanır. Samimi soruların bana yeni fikirlere açık olduğunu gösteriyor. Değişim günümüz toplumunda en büyü güç. Çoğu kimse korkarken akıllı olanlar bunu kucaklar. Zen geleneği aceminin zihniyle konuşur: zihinleri yeni kavramlara açık olanlar, yani anlamaya çalışanlar her zaman edinim ve tatminin daha yüksek düzeylerine ulaşır. En basit soruları sormaktan bile çekinme. Sormak bilgiye ulaşmanın en etkili yöntemidir."

"Teşekkürler. Ancak kaizen konusunu hâlâ açıkça anlayamadım."

"İç dünyanı iyileştirmekten söz ederken kendini geliştirmeyi, kişisel gelişimi kastediyorum; bu kendin için yapabileceğin en iyi şey. Kendini geliştirmek için çalışmaya zamanın olmadığını düşünebilirsin. Ama bu çok büyük bir hata olur. Çünkü gördüğün gibi disiplin, enerji, güç ve iyimserlik dolu güçlü bir karakter inşa etmek için zaman ayırdığında dış dünyanda her şeye sahip olabilir, istediğin her şeyi başarabilirsin. Yeteneklerine ve yenilmez ruhuna olan derin inancını güçlendirdiğinde tüm uğraşlarında başarılı olmanı ve büyük ödüller almanı hiçbir şey engelleyemez. Zihnini eğitmek, vücuduna özen göstermek ve ruhunu beslemek için zaman harcamak seni yaşamında daha fazla zenginlik ve canlılığa ulaşabileceğin bir konuma getirir. Uzun zaman önce Epiktetos, 'Kendinin efendisi olmayan hiç kimse özgür değildir' demiş."

"O halde kaizen çok pratik bir kavram."

"Çok. Bunu düşün John. Kendine bile liderlik edemeyen bir kimse, bir firmaya nasıl liderlik edebilir? Kendine bakmayı ve özen göstermeyi öğrenmeden bir aileye nasıl bakabilirsin? İyi hissetmezken nasıl iyilik yapabilirsin? Ne demek istediğimi anlıyor musun?"

Tamamen hemfikir olarak başımı salladım. Bu, kendimi

geliştirme konusunda ciddi birtakım fikirler işittiğim ilk andı. Metroda Pozitif Düşünmenin Gücü veya Mega Yaşam! gibi başlıkları olan kitaplar okurken gördüğüm tüm o insanların sorunlu ruhları olan ve kendilerine tekrar doğru yolu göstermesi için bir tür ilaca çaresizce gereksinim duyan kişiler olduklarını düşünürdüm her zaman. Şimdi kendilerini güçlendirmek için zaman ayıranların en güçlü kişiler olduğunu ve ancak kendini geliştiren birinin başka birçoklarının yaşamını da iyileştirmeyi umabileceğini kavramıştım. İyileştirebileceğim şeyleri düşünmeye başladım. Bu egzersizlerin getireceğine kuşku olmayan ek enerji ve sağlık gerçekten işime yarardı. Kendimi sıkıcı mizacımdan ve başkalarının işine karışma alışkanlığımdan kurtarmak eşim ve çocuklarımla ilişkimde mucizeler yaratabilirdi. Kaygı alışkanlığımı silmek bana aramakta olduğum zihinsel huzuru ve derin mutluluğu verebilirdi. Bunun hakkında düşündükçe daha birçok gelişme potansiyeli görebiliyordum.

İyi alışkanlıklar geliştirme yoluyla yaşamıma dolacak tüm pozitif unsurları görmeye başladıkça heyecanlanıyordum. Ancak Julian'ın anlattıklarının günlük egzersiz, sağlıklı beslenme ve dengeli yaşam tarzından çok daha fazlası olduğunu da kavramıştım. Himalayalar'da öğrendikleri bundan daha derin ve daha anlamlı şeylerdi. Güçlü bir karakter inşa etmek, zihinsel dayanıklılık ve cesaretle yaşamanın öneminden söz ediyordu. Bana, bu üç özelliğin, kişiyi yalnızca erdemli bir yaşama değil başarı, tatmin ve iç huzuruyla dolu bir yaşama da yönlendireceğini anlattı. Cesaret herkesin geliştirebileceği ve uzun vadede büyük kazanç sağlayan bir nitelikti.

"Cesaretin kendine liderlik etme ve kişisel gelişim üzerindeki etkisi nedir?" diye sordum daha fazlası öğrenmek için.

"Cesaret kendinle yarışmana olanak tanır. Cesaret istediğini yapabilmeni sağlar, çünkü bunun doğru olduğunu bilirsin. Cesaret sana, diğerlerinin başarısız olduğu yerde vazgeçmeme iradesini kazandırır. Sonuçta yaşamında ulaştığın cesaret düzeyi ulaştığın doyum düzeyini de belirler. Yaşamının tüm büyük mucizelerini gerçekleştirmene olanak sağlar. Ve kendilerini kontrol etmede usta olanlar büyük bir cesarete sahiptir."

"Tamam. Kendim üzerinde çalışmamın gücünü anlıyorum. Nereden başlayacağım?"

Sorum üzerine Julian, olağanüstü yıldızlı ve güzel bir gecede, dağlardaki yüksek bir tepenin üzerinde Yogi Raman ile yaptığı konuşmaya döndü.

"Başlangıçta ben de kendini geliştirme konusunda sorun yaşamıştım. Her şeyin ötesinde, Harvard eğitimli, sert bir hukuk silahşoruydum ve havaalanlarında takılan, saçı başı dağınık insanlar olduğunu düşündüğüm kişilerce bana dayatılan Yeni Çağ teorilerine ayıracak zamanım yoktu. Ama yanılıyordum. Yıllarca yaşamımın önüne set çeken bu dar kafalılıktı. Yogi Raman'ı dinleyip önceki yaşamımın acı ve sıkıntıları üzerine düşündükçe zihin, vücut ve ruhun sürekli ve bitmeyen gelişimi anlamına gelen kaizen felsefesi yeni yaşamımda daha çok yer edindi" dedi Julian.

"Bugünlerde 'zihin, vücut ve ruh' hakkında ne çok şey duyuyorum? Televizyonu açtığımda birinin bundan söz ettiğini duymamak imkânsız gibi."

"Bu insani yeteneklerin üçlemesidir. Fiziksel yeteneklerini işlemeden zihnini geliştirmen çok sahte bir zafer olurdu. Ruhunu beslemeden zihin ve vücudunu en yüksek seviyeye çıkarmak kendini çok boş ve tatminsiz hissetmene yol açardı. Enerjini bu üç insani yeteneğin tüm potansiyellerini beraberce serbest bırakmaya adarsan aydınlanmış yaşamın kutsal coşkusunu tadabilirsin."

"Beni gerçekten heyecanlandırdın dostum."

"Nereden başlayacağını sormuştun, söz veriyorum kısa bir süre içinde sana birkaç eski ve güçlü tekniği anlatacağım. Ama önce pratik bir örnek vereceğim. Şimdi şınav çekme pozisyonu al."

'Ulu Tanrım, Julian şimdi de bir talim çavuşuna dönüştü' diye düşündüm içimden. Ancak merakım ve açık fikirli olma isteğim yüzünden yakınmadım.

"Şimdi şınav hareketini yapabildiğin kadar tekrarla. Daha fazla devam edemeyeceğinden kesin emin olmadıkça durma."

Çabalamaya başladım, yüz kiloluk vücudum çocuklarımla en yakın McDonald's'a yürümek veya iş arkadaşlarımla golf sahasında dolaşmak dışında pek kullanılmamıştı. İlk on beş şınav gerçek ıstıraptı. Yaz akşamının sıcaklığı sıkıntıma eklenince fazlasıyla terlemeye başladım. Ancak herhangi bir zayıflık belirtisi göstermemeye ve gururum kollarımdaki ağrıya yenilene kadar devam etmeye kararlıydım. Yirmi üçüncü şınavda vazgeçtim.

"Bu kadar Julian. Bu beni öldürüyor. Neyi denemeye çalışıyorsun burada?"

"Daha fazla yapamayacağına emin misin?"

"Eminim. Haydi, biraz dinleneyim. Bundan çıkardığım tek ders kalp krizi geçirmek için ne yapmak gerektiği."

"On tane daha yap. Sonra dinlenebilirsin" diye komut verdi Julian."

"Şaka yapıyor olmalısın!"

Ama devam ettim. Bir, iki, beş, sekiz ve sonunda on. Tamamen tükenmiş halde yere uzandım.

"Yogi Raman özel öyküsünü benimle paylaştığı gece tam olarak aynı deneyimi ben de yaşamıştım" dedi Julian. "Bana acının büyük bir öğretmen olduğunu anlatmıştı."

"Biri böyle bir deneyimden ne öğrenebilir ki?" diye sordum nefes nefese.

"Yogi Raman ve tüm Sivana Bilgeleri bu nedenle, insanların en çok Bilinmezlik Bölgesine girdiklerinde geliştiklerine inanmışlardır."

"Tamam. Fakat bana şu şınavları yaptırmanın anlamı ne?"

"Yirmi üçüncüyü tamamladıktan sonra bana artık devam edemeyeceğini söyledin. Bu senin mutlak sınırındı. Ancak seni devam etmeye zorladığımda on şınav daha çektin. İçinde daha fazlası vardı ve bu kaynağa ulaştığında daha fazlasını aldın. Yogi Raman onun öğrencisiyken bana bir temel gerçeği açıklamıştı: 'Yaşamındaki sınırlar yalnızca senin belirlediklerindir.' Kendi güven çemberinden çıkmaya ve bilinmeyeni keşfetmeye cesaret ettiğinde gerçek insani potansiyelini açığa çıkarmaya başlayacaksın. Bu kendini ve yaşamındaki diğer tüm koşulları kontrol etme ustalığına giden ilk adımdır. Sınırlarını zorladığında, az önceki küçük gösteride yaptığın gibi, sahip olduğunu asla hayal etmediğin zihinsel ve fiziksel birikimlerini açığa çıkarırsın.

'Büyüleyici,' diye geçirdim içimden. Düşünmeye başladım, yakın zamanda ortalama birinin insani kapasitesinin yalnızca küçük bir kısmını kullandığına ilişkin bir kitap okumuştum. Yeteneklerimizin geri kalan kısmını da kullanmaya başlarsak neleri başarabiliriz diye merak ettim.

Julian anlattıklarının etkili olduğunu hissetmişti.

"Kaizen sanatını kendini her gün zorlayarak uygulayabilirsin. Zihnini ve vücudunu geliştirmek için sıkı çalış. Ruhunu besle. Korktuğun şeyleri yap. Gem vurulmamış enerji ve sınırsız heyecan ile yaşamaya başla. Güneşin doğuşunu izle. Yağmurda dans et. Olmayı düşlediğin kişi ol. Her zaman yapmak istediğin ama çok genç, çok yaşlı veya çok fakir olduğuna inanarak kendini kandırdığın için yapmadığın şeyleri gerçekleştir. Keyifli, capcanlı bir yaşama hazırlan. Doğu'da, şans hazırlanmış zihinlerin yanındadır, derler. Ben yaşamın hazırlanmış zihinlerin yanında olduğuna inanıyorum."

Julian tutkulu söylevine devam etti. "Sana ket vuran şeyleri belirle. Konuşmaktan mı korkuyorsun veya ilişkilerinde sorunlar mı var? Olumlu tavırların eksikliğini mi çekiyorsun yoksa daha fazla enerjiye mi gereksinimin var? Zayıflıklarının yazılı bir dökümünü tut. Tatmin olmuş insanlar diğerlerinden çok daha fazla düşüncelidir. Seni istediğin yaşamdan alıkoyuyor olabilecek şeyleri değerlendirmek için zaman ayır ve sonra bunları derinlemesine düşün. Zayıflıklarının neler olduğunu saptadığında sonraki adım onlarla yüzleşmek ve korkularına saldırmaktır. Korkun toplum içinde konuşmaksa yirmi konuşma yapmak için plan yap. Korktuğun yeni bir işe başlamak veya verimsiz bir ilişkiden kurtulmak mı, iç enerjinin her zerresini bir araya getir ve bunu yap. Korku kendi yarattığın zihinsel bir canavardan, bilincin olumsuz yönde akışından başka bir şey değildir."

"Korku bilincin olumsuz yönde akışından başka bir şey değildir? Bunu sevdim. Tüm korkularım yıllar içinde sessizce zihnime doldurduğum hayali küçük canavarlardan başka bir şey değil mi demek istiyordun?"

"Kesinlikle John. Seni bir şeylerden her alıkoyduklarında, onların ateşini körüklemiş oluyorsun. Ancak korkularını keşfettiğinde yaşamı keşfedersin."

"Bir örneğe ihtiyacım var."

"Elbette. Çoğu kimsenin ölümden daha çok korktuğu toplum içinde konuşmayı ele alalım. Bir avukat olduğum zamanlarda mahkeme salonuna girmeye korkan avukatlar görmüştüm. Aslında kazanabilecekleri davalarda mahkeme salonuna adım atmanın sıkıntısından kaçınmak için müvekkillerini anlaşmaya ikna etmek dahil her şeyi yapabilirlerdi."

"Bunları ben de gördüm."

"Gerçekten bu korkuyla doğduklarını mı düşünüyorsun?"

"Öyle olmadığından emin olmak isterdim."

"Bir bebeği ele al. Sınırları yoktur. Zihni verimli bir potansiyel ve olasılıklar bahçesidir. Doğru yetiştirildiğinde büyük biri olur. Olumsuzlukla doldurulduğunda en azından vasat biri durumuna gelir. Demek istediğim, ister toplum içinde konuşmak, ister patrondan zam istemek veya güneşin ışınlarıyla yıkanan bir gölde yüzmek ya da ay ışığında sahilde tek başına yürümek olsun hiçbir deneyim kalıcı olarak acı veya keyif verici değildir. Bunu öyle yapan senin düşünme şeklindir."

"İlginç."

"Bir bebek muhteşem güneşli bir günü sıkıntı verici bir şey gibi algılayacak biçimde yetiştirilebilir. Bir çocuk bir köpek yavrusunu kötü bir hayvan olarak görecek biçimde eğitilebilir. Bir yetişkin ilaçları rahatlama için hoş bir araç olarak görecek biçimde düşünmeye itilebilir. Tüm bunlar koşullandırma meselesi değil mi?"

"Elbette."

"Aynısı korku için de geçerli. Korku şartlandırılmış bir tepkidir; yaşamı tüketen bir alışkanlık dikkatli olmazsan enerjini, yaratıcılığını ve ruhunu kolaylıkla alıp götürebilir. Korku çirkin yüzünü gösterdiğinde onu hemen kovala. Bunun en kolay yolu korktuğunu düşündüğün şeyi yapmaktır. Korkunun anatomisini anla. Bu senin kendi yaratın. Herhangi bir başka yaratı gibi onu söküp atmak da ortaya çıkarmak kadar kolaydır. Zihin kalenin içine sessizce sızan her korkuyu sistemli olarak ara ve yok et. Bu sana büyük bir güven, mutluluk ve zihinsel huzur verecek."

"Birinin zihni gerçekten korkusuz olabilir mi?" diye sordum.

"Güzel soru. Açık ve yadsınamaz bir cevabı var. 'Evet!' Sivana Bilgelerinin hepsi de kesinlikle korkusuzdur. Bunu onların yaşam şeklinde görebilirsin. Konuşmalarında hissedebilirsin. Gözlerinin derinliklerine baktığında bunu anlayabilirsin ve sana bir şey daha söyleyeyim John."

"Nedir" diye sordum duyduklarımdan heyecanlanarak.

"Ben de korkusuzum. Kendimi tanıyorum ve doğal halimin boyun eğmez bir güç ve sınırsız potansiyel barındırdığını anladım. Sadece kendimi ihmal etmem ve dengesiz düşünme biçimim nedeniyle bloke olmuştum. Bir şeyi daha açıklayayım. Zihninden korkuyu sildiğinde daha genç görünmeye başlarsın ve sağlığın daha mükemmel duruma gelir."

"Ah, şu bildiğimiz zihin-vücut bağlantısı" diye yanıtladım cehaletimi gizlemeyi umarak.

"Evet. Doğu'nun bilgeleri bundan beş bin yıldır haberdardı. 'Yeni çağda' zar zor anlaşılan bir kavram" dedi ışıltılı yüzüne yayılan büyük bir gülümsemeyle.

"Bilgeler, üzerinde sık düşündüğüm bir başka güçlü ilkeyi de benimle paylaştılar. İnanıyorum ki kendine liderlik etme ve kişisel ustalık yolunda ilerlerken senin için paha biçilmez bir araç olacak. Bir şeylere boş veriyormuşum gibi hissettiğim zamanlarda bana motivasyon kazandırır. Bu felsefe az ve öz biçimde şöyle ifade edilebilir: Canlılık dolu insanları asla esin duymayanlardan ayıran, daha az gelişmiş kimselerin yapmayı sevmediği şeyleri aslında yapmaktan hoşlanmasalar bile yapmalarıdır."

"Gerçekten aydınlanmış insanlar, her gün derin mutluluklar yaşayanlar, uzun dönemli tatmin için kısa süreli zevklerden vazgeçmeye hazırdırlar. Böylelikle bilinmezlik bölgesine girmek bir parça sıkıntıyı beraberinde getirse de zayıflık ve korkularının üstesinden gelirler. Kendilerini her yönde sürekli ve aralıksız geliştiren kaizen bilgeliğiyle yaşamaya kararlıdırlar. Önceden zor gelen şeyler zamanla kolaylaşır. Onları hak ettikleri tüm mutluluk, sağlık ve refaha ulaşmaktan bir zamanlar alıkoyan korkuları fırtınada savrulup giden bir korkuluk gibi ortadan kaybolur."

"O halde yaşamımı değiştirmeden önce kendimi değiştirmem gerektiğini mi söylüyorsun?"

"Evet. Bu hukuk fakültesindeyken en sevdiğim profesörümün anlattığı eski öyküye benziyor. Bir gece bir baba ofisteki uzun bir günden sonra gazetesini okuyarak dinlenmektedir. Oyun oynamak isteyen oğlu onu rahat bırakmamaktadır. Sonunda sıkılan baba gazetedeki bir dünya resmini yırtarak yüzlerce küçük parçaya böler. 'İşte oğlum bunları al ve tekrar bir araya getirmeyi dene' der, bunun kendisi gazeteyi okumayı bitirene dek küçük oğlunu yeterince meşgul edeceğini umarak. İnanılmaz biçimde oğlu bir dakika sonra dünya resmini kusursuzca bir araya getirmiş olarak geri gelir. Şaşıran baba bunu nasıl başardığını sorunca oğlu gülümser ve 'Baba dünya resminin arka yüzünde bir adamın resmi vardı, bunu bir araya getirince dünya da tamamlanmış oldu' diye yanıtlar yumuşak bir biçimde."

"Bu harika bir öykü."

"Görüyorsun John, bugüne dek tanıdığım en akıllı insanlar, Sivana Bilgelerinden Harvard Hukuk Fakültesi'ndeki profesörlerime dek, mutluluğun anahtarını biliyor görünüyorlar."

"Devam et" dedim sabırsızlığımı belli ederek.

"Tam olarak daha önce söylediğim gibi; mutluluk değerli bir amacın sürekli bir biçimde yaşama geçirilmesiyle gelir. Yapmayı gerçekten sevdiğin bir şeyi yapıyorsan aradığın derin mutluluğa mutlaka ulaşırsın."

"Mutluluk yapmayı sevdikleri şeyle uğraşan herkese böyle kolayca geliyorsa neden umutsuz durumda olan bu kadar çok insan var?"

"Güzel bir noktaya değindin John. İster bir aktör olmak için mevcut işten ayrılmak isterse daha anlamlı şeylere zaman bulmak için daha önemsiz işlere daha az zaman ayırmak olsun, sevdiğin işi yapmak büyük cesaret gerektirir, bu da güven çemberinden çıkmaktır. Değişiklik başta hep biraz sıkıntılıdır. Üstelik riski de az değildir. Yine de daha keyifli bir yaşam tasarlamak için bunun en emin yol olduğunu da belirtmeliyim."

"Biri cesaret kazanmak için tam olarak ne yapmalı?"

"Bu tıpkı öyküdeki gibi: Kendini topladığında dünyan da sorunsuz hale gelir. Zihnin vücudunun ve karakterinin ustası olduğunda mutluluk ve bolluk neredeyse büyülü biçimde yaşamına dolar. Ancak her gün on ya da on beş dakika bile olsa kendin hakkında çalışmak için biraz zaman ayırmalısın."

"Peki Yogi Raman'ın öyküsündeki üç metre boyunda ve dört yüz elli kilo ağırlığındaki Japon sumo güreşçisi neyi simgeliyor?"

"Bu güçlü arkadaşımız senin için, Japoncada sürekli kişisel gelişim ve ilerleme anlamına gelen kaizen'in gücünün hatırlatıcısı olacak her zaman."

Julian, yalnızca birkaç saat içinde, yaşamım boyunca duyduğum en güçlü ve en şaşırtıcı bilgileri ortaya sermişti. Kendi zihnimin büyüsünü ve bunun hazine değerindeki potansiyelini kavramıştım. Zihni dinginliğe kavuşturacak, bu gücü arzu ve düşlerime odaklamamı sağlayacak çok pratik teknikler öğrenmiştim. Yaşamda belirli bir amaç edinmenin ve kişisel, mesleki ve spiritüel dünyamın her boyutu için açık hedefler belirlemenin önemini öğrenmiştim. Şimdi bana kendini kontrol etme ustalığının ebedi ilkesi açıklanmıştı: kaizen.

"Kaizen sanatını nasıl uygulayacağım?"

"Şimdi kişisel ustalık yolunda seni çok ileriye götürecek eski fakat son derece etkili on ritüeli anlatacağım. Bunları işe yarayacaklarına inanarak her gün uygularsan bugünden itibaren bir ay içinde belirgin sonuçlar aldığını göreceksin. Uygulamayı sürdürür, teknikleri günlük alışkanlıklarına dahil edersen mükemmel bir sağlık, sınırsız enerji, kalıcı mutluluk ve iç huzuru düzeyine erişmen kaçınılmaz. Sonuçta kendi kutsal yazgına ulaşacaksın; bu senin doğuştan var olan hakkın."

Gözlerimin içine bakarak devam etti. "Yogi Raman bana bu on ritüeli 'mükemmellik' olarak adlandırdığı niteliklerine duyduğu büyük inançla sundu ve bunların gücüne canlı kanıt olduğuma eminim sen de katılacaksın. Senden sadece söylediklerimi dinlemeni ve sonuçları kendin değerlendirmeni istiyorum."

"Yalnızca otuz günde yaşamı değiştirecek sonuçlar mı?" diye sordum inanmazlık içinde.

"Evet. Bunun için yapman gereken, sana şimdi anlatacağım stratejileri uygulamak için birbirini izleyen otuz gün boyunca en az bir saatini ayırman. Tüm gereken, kendine yapacağın yatırım olacak ve lütfen bana zamanın olmadığını söyleme."

"Ama yok" dedim dürüstçe. "İşlerim gerçekten çok arttı. Kendime ayıracak değil bir saat, on dakikam bile yok Julian."

"Sana söylediğim gibi, kendini geliştirmek için zamanın olmadığını söylemen, bu ister zihnini geliştirmek ister ruhunu beslemek olsun, araba kullanmakla çok meşgul olduğun için benzin almaya zamanın olmadığını söylemek gibi bir şey. Bu, sonunda seni yolda bırakacaktır."

"Gerçekten mi?"

"Gerçekten."

"Nasıl yani?"

"Şöyle anlatayım. Sen milyonlarca dolar değerinde bir yarış arabasısın; bakımı yapılmış, son derece gelişmiş bir makine."

"Teşekkürler Julian."

"Aklın evrenin en büyük harikasıdır ve bedenin seni afallatabilecek ustalıkları gerçekleştirme becerisine sahiptir."

"Katılıyorum."

"Bu milyonlarca dolarlık, yüksek performanslı makinenin değerinin farkında olarak, motorun soğumasına izin vermeden her gün her dakika onu çalıştırmak akıllıca olur mu?"

"Elbette hayır."

"Peki, o zaman kişisel bakım molası veya dinlenme için neden her gün biraz zaman ayırmıyorsun? Zihnin gibi yüksek performanslı bir makineyi soğutmaya neden zaman harcamıyorsun? Ne demek istediğimi anlamıyor musun? Kendini yenilemek için zaman ayırmak yapabileceğin en önemli şeydir. İronik olarak, kendini geliştirme ve kişisel zenginleşme için koşuşturma içinde geçen yaşamından biraz zaman ayırmak tekrar o ritme girdiğinde senin verimini hissedilir biçimde artıracaktır."

"Bütün gereken otuz gün boyunca günde bir saat mi?"

"Bu, benim her zaman aradığım sihirli formül. Bunun

önemini anlamış olsaydım, eski güzel günlerimde muhtemelen birkaç milyon doları buna harcayabilirdim. Paha biçilemeyen tüm bilgiler gibi bunun da bedava olduğu hakkında çok az bilgim vardı. Bunları söyledikten sonra, disiplinli olman ve formülü oluşturan stratejileri onların değerine derinden inanarak uygulaman gerektiğini söylemeliyim. Bu, akşamdan sabaha olabilecek bir şey değil. Bir kez başladığında, uzun süre bağlı kalman gerekir."

"Ne demek istiyorsun?"

"Kendinle ilgilenmek için günde bir saat harcamak sana otuz günde dramatik sonuçlar sağlayacaktır, tabi ki doğru şeyleri yapman kaydıyla. Yeni bir alışkanlığı tam anlamıyla yerleştirmek için yaklaşık bir ay gerekir. Bu süreden sonra, öğreneceğin stratejiler ve teknikler ikinci deri gibi sana yapışacak. Burada anahtar, eğer sonuçları görmek istiyorsan bunları her gün uygulamaya devam etmendir."

"Yeterince adil" diyerek kabul ettim. Julian kendi yaşamındaki kişisel canlılık ve iç huzur kaynağını açıkça ortaya koymuştu. Gerçekte, hastalıklı yaşlı avukattan ışık saçan, enerjik bir filozofa dönüşümü mucizeden başka bir şey değildi. O anda, biraz sonra işiteceğim teknikleri ve prensipleri uygulamak için günde bir saatimi ayırmaya karar verdim. Daha önceki alışkanlığım olan başkalarını değiştirmeye uğraşmak yerine kendimi geliştirmek için çaba göstermeyi kafama koydum. Belki ben de 'Mantle tarzı' bir dönüşüm yaşayacaktım. Bu, kesinlikle denemeye değerdi.

O gece, dağınık oturma odamda yerde otururken Julian'ın 'Işık Saçan Yaşamın On Ritüeli'" adını verdiği şeyi öğrendim. Bunlardan bir bölümü kendi açımdan bir miktar odaklanıp çabalamayı gerektiriyordu. Bir bölümüyse özel bir çaba olmaksızın gerçekleştirilebilirdi. Hepsi de ilgi çekiciydi ve olağanüstü olaylar için umut taşıyan zenginlikler içeriyordu.

"Birinci strateji bilgeler tarafından 'Yalnızlık Ritüeli' olarak bilinirdi. Bu, günlük programımızın zorunlu bir huzur dönemi içermesini sağlamaktan başka bir şey değil."

"Huzur dönemi tam olarak nedir?"

"Bu, ister on beş dakika gibi kısa, ister elli dakika kadar uzun bir süre olsun, sessizliğin iyileştirici gücünü kavradığın ve gerçekten kim olduğunu anlamaya başladığın bir zaman dilimidir."

Hafif bir gülümsemeyle "Aşırı kızmış motorumu dinlendirmek için dinlenme molası gibi bir şey mi?" diye sordum.

"Bu oldukça doğru bir bakış açısı. Hiç ailenle uzun bir yolculuk yaptığın olmuş muydu?"

"Tabii ki. Her yaz Jenny'nin ailesiyle birkaç hafta geçirmek için adalara giderdik."

"Tamam. Yolda hiç mola verdiğiniz oldu mu?"

"Evet. Yemek yemek için ya da oğullarımın arka koltukta altı saat boyunca boğuşmalarını dinledikten sonra kendimi yorgun hissedersem ufak bir şekerleme yapmak için."

"Tamam, Yalnızlık Ritüeli'ni ruhun için dinlenme molası olarak kabul et. Bunun amacı kendini yenilemedir ve güzel yalnızlık battaniyesine sarmalanmış biçimde tek başına zaman geçirerek yapılır."

"Sessizliğin nesi özel?"

"İyi soru. Yalnızlık ve sessizlik senin yaratıcı kaynağın ile bağlantı kurar ve Evrenin sınırsız zekasını açığa çıkarır. Gördüğün gibi, John zihin bir göl gibidir. Kaotik dünyamızda çoğu insanın zihni sessiz değildir. Bizler zihinsel çalkantılarla doluyuz. Ancak her gün hareketsiz ve sessiz kalmak için zaman ayırdığımızda zihin gölümüz bir cam tabak kadar düz hale gelir. İç sessizlik derin bir iyilik hali, iç huzur ve sınırsız enerji duygusu gibi birçok fayda sağlar. Hatta daha iyi uyursun ve günlük faaliyetlerinde yenilenmiş bir denge duygusunun tadını çıkarırsın."

"Bu huzur dönemi için nereye gitmem gerekir?"

"Teorik olarak herhangi bir yerde bunu yapabilirsin, yatak odanda, ofisinde. Anahtar nokta gerçekten sessiz ve güzel bir yer bulmaktır."

"Bu denklemde güzellik nereye oturuyor?"

Julian derin bir iç çekişiyle "Güzel görüntüler karmaşa içerisindeki ruhu yatıştırır" dedi. "Bir gül demedi ya da basit, tek bir nergis çiçeği duyuları son derece rahatlatıcı bir etkiye sahiptir ve insanı gevşetir. İdeal olarak, Sığınak'ın olarak faydalanacağın bir yerde böyle bir güzelliğin tadını çıkarmalısın."

"O nedir?"

"Temelde, bu zihinsel ve spiritüel gelişme için senin gizli toplantı yerin olabilecek bir yerdir. Bu, evinde kullanılmayan bir oda ya da bir apartmanda küçük, huzurlu bir köşe olabilir. Buradaki önemli nokta, kendini yenileme faaliyetlerin için bir köşe yaratmaktır; orada durup sessizce senin gelmeni bekleyen bir yer."

"Bu kulağa hoş geliyor. İşten eve geldiğimde gidebileceğim sessiz bir yer olması farklılık yaratabilir. Bir süreliğine üzerimdeki baskıdan kurtulabilir ve günün gerginliğini atabilirim. Bu, muhtemelen beni çok daha nazik bir insan haline getirecektir."

"Bir diğer önemli noktaya gelelim; Sessizlik Ritüeli en iyi, her gün aynı saatte uyguladığın zaman işe yarar."

"Neden?"

"Çünkü o zaman ritüel olarak alışkanlıklarının arasına girmiş olur. Onu her gün aynı saatte uyguladığında, günlük sessizlik dozu kısa süre sonra, hiçbir zaman ihmal edemeyeceğin bir alışkanlık haline gelecektir. Ve olumlu yaşam alışkanlıkları kaçınılmaz olarak sana kader yolunda rehberlik eder."

"Başka bir şey var mı?"

"Evet. Mümkünse her gün doğayla baş başa kalmaya çalış. Ormanda kısa bir gezinti ve hatta arka bahçende domates yetiştirmek için geçirilen birkaç dakika bile seni şu anda içinde uyuyan huzur kaynağına yeniden kavuşturacaktır. Doğaya çıkmak seni en yüksek düzeydeki benliğinin sonsuz bilgeliği ile uyumlu hale getirecektir. Bu iç bilgi seni kişisel gücünün el değmemiş boyutlarına taşıyacaktır. Bunu hiçbir zaman unutma" dedi Julian, sesi tutkuyla yükselmişti.

"Bu ritüel senin işine yaradı mı Julian?"

"Kesinlikle. Gün doğarken kalkıyorum ve ilk iş gizli sığınağıma koşuyorum. Orada gerektiği kadar süreyle Gülün Kalbi'ni uyguluyorum. Kimi günler saatlerimi sessiz bir dalınç içerisinde geçiriyorum. Başka günlerde sadece on dakika ayırıyorum. Sonuç aşağı yukarı aynı oluyor; derin bir iç huzur hissi ve fiziksel enerjide artış. Bu da beni ikinci ritüele getiriyor. Fiziksellik Ritüel'ine.

"Kulağa ilginç geliyor. Nedir bu?"

"Fiziksel bakımın gücü."

"Anlayamadım?"

"Basit bir şey. Fiziksellik Ritüeli, bedenine özen göstermek zihnine de özen göstermektir prensibine dayanır. Bedenini hazırladığında zihnin de hazırlanır. Bedenini eğittiğinde zihnini de eğitmiş olursun. Beden tapınağını her gün zorlu egzersizler ile beslemek için her gün biraz zaman ayır. Kan dolaşımını arttır ve bedenini hareket ettir. Bir haftada 168 saat olduğunu biliyor muydun?"

"Dikkat etmemişim."

"Bu gerçek. En az beş saatini fiziksel etkinliğe ayırman gerekir. Sivana Bilgeleri fiziksel potansiyellerini açığa çıkarmak ve güçlü, dinamik bir yapıya kavuşmak için eski yoga disiplinini uygularlardı. Köyün ortasında kafalarının üzerinde dikilerek ömürlerini uzatmayı başaran bu harika insanların görüntüsü olağanüstü bir deneyimdi!"

"Hiç yoga yapmayı denedin mi Julian? Jenny geçen yaz yapmaya başladı ve yoganın ömrünü beş yıl uzattığını söylüyor."

"Bunu sana ilk söyleyen kişi ben olayım John, yaşamını sihirli bir şekilde değiştirecek tek bir strateji yok. Kalıcı ve derin bir değişim sana anlattığım birçok yöntemin devamlı uygulanmasıyla elde edilebilir. Fakat yoga içindeki canlılık kaynaklarını açığa çıkarmanın son derece etkili bir yoludur. Her sabah yoga yapıyorum ve bu, kendim için yaptığım en iyi şeylerden biri. Yoga yalnızca bedenimi gençleştirmekle kalmaz, aynı zamanda zihnimi de tamamen odaklamamı sağlar. Hatta yaratıcılığımı bile açığa çıkardı. Bu, muhteşem bir disiplin."

"Bilgeler bedenlerine bakmak dışında herhangi bir şey yapıyorlar mıydı?"

"Yogi Raman ve onun erkek ve kız kardeşleri de yüksek dağ patikalarında olsun, ormanın gür yeşillikleri içinde olsun doğal ortamlarda hızlı tempoda yürümenin yorgunluğu atmada ve vücudu kendi doğal canlılığına döndürmede harikalar yarattığına inanırlardı. Hava yürünemeyecek kadar sert olduğunda, kulübelerinin güvenliği içerisinde egzersizlerini yaparlardı. Bir öğünü kaçırabilirlerdi ama günlük egzersizlerini asla kaçırmazlardı."

Alaycı bir ses tonuyla "Kulübelerinde ne vardı ki? Son teknoloji jimnastik aletlerinden mi?" diye sordum.

"Pek değil. Kimi zaman yoga duruşlarını uygularlardı. Başka zamanlarda tek elle bir veya iki set şınav çektiklerini görürdüm. Vücutlarını hareket ettirdikleri ve etraflarındaki nefes kesici ortamın taze havasını ciğerlerine çektikleri sürece egzersiz olarak ne yaptıklarının onlar için çok da önemli olduğunu sanmıyorum."

"Taze hava solumanın bununla ne ilgisi var?"

"Bu soruna Yogi Raman'ın favori deyişlerinden 'Doğru nefes almak doğru yaşamaktır' en iyi cevaptır sanırım."

"Nefes almak bu kadar önemli mi?" diye sordum şaşkınlıkla.

"Sivana'daki erken dönemlerimde bilgeler bana sahip olduğum enerji miktarını ikiye ve hatta üçe katlamanın en hızlı yolunun etkili soluma sanatı olduğunu öğrettiler."

"Ama yeni doğmuş bir bebekken bile nasıl nefes alacağımızı bilmez miyiz?"

"Pek değil John. Çoğumuz hayatta kalmak için nasıl nefes alacağımızı bilsek de gelişmek için nasıl nefes alacağımızı hiçbir zaman öğrenmeyiz. Çoğumuz çok kısa süreyle nefesimizi içimize çekeriz ve böyle yaptığımızda bedenimizin ideal düzeyde çalışması için yeterli oksijeni alamayız."

"Doğru nefes almak oldukça bilimsel bir şey galiba."

"Evet ve bilgeler ona bu şekilde yaklaşıyordu. Felsefeleri basitti; etkin solunum yoluyla daha fazla oksijeni içine çek, o zaman doğal canlılığınla birlikte enerji kaynaklarını açığa çıkarmış olursun."

"Peki, nereden başlayayım?"

"Aslında oldukça kolay. Günde iki ya da üç kez daha derin ve etkin biçimde soluma hakkında bir veya iki dakika düşün."

"Etkin biçimde nefes aldığımı nereden bileceğim?"

"Göbeğin hafifçe hareket etmeli. Bu, karnından nefes aldığını gösterir ki iyi bir şeydir. Yogi Raman'ın bana öğrettiği bir teknik ellerimi karnımın üzerinde birleştirmekti. Nefesimi içime çektiğimde ellerim hareket ederse, solunum tekniğim doğru demekti."

"Çok ilginç."

"Bunu sevdiysen, o zaman Işık Saçan Yaşam'ın üçüncü ritüelini de seversin."

"Yani?"

"Yani, 'Yaşam Gıdası Ritüeli'. Avukatlık yaptığım günlerde biftek, kızarmış patates ve diğer abur cuburlardan oluşan bir beslenme şeklim vardı. Tamam bunları ülkenin en iyi restoranlarında yiyordum, ama vücudumu yine de abur cuburla doldurmuş oluyordum. Bunu o zamanlar bilmiyordum fakat bu benim memnuniyetsizliğimin ana kaynaklarından biriydi."

"Gerçekten mi?"

"Evet. Kötü bir beslenme şeklinin yaşam üzerinde oldukça belirgin etkileri vardır. Zihinsel ve fiziksel enerjini tüketir. Ruh durumunu etkiler ve zihin açıklığını da engeller. Yogi Raman, 'Vücudunu besledikçe ruhunu da beslersin' derdi."

"Sanırım sen de beslenme şeklini değiştirdin, öyle mi?"

"Radikal biçimde. Bu duygularımda ve görünüşümde şaşırtıcı bir fark yarattı. Her zaman stres ve işimin zorlukları nedeniyle böyle tükenmiş olduğumu ve kırışık ellerimin ilerleyen yaşımın belirtisi olduğunu düşünürdüm. Sivana'da bitkinliğimin vücuduma pompaladığım düşük oktanlı benzinden kaynaklandığını öğrendim."

"Sivana Bilgeleri böyle dinç ve ışıltılı kalmak için ne yiyordu?"

Yanıt çabuk geldi; "Canlı besinler."

"Ne?"

"Yanıt, canlı besinler. Canlı besinler ölü olmayan besinlerdir."

"Hadi Julian. Canlı besinler de ne?" diye sordum ısrarla.

"Esasen canlı besinler güneş, hava ve suyun doğal etkileşimiyle ortaya çıkanlardır. Burada sözünü ettiğim vejetaryen bir beslenme şekli. Tabağını taze sebzeler, meyveler ve tahıllarla doldur ve sonsuza dek yaşa."

"Bu mümkün mü?"

"Bilgelerin çoğu yüz yaşın üzerindeydi ve hiçbir yavaşlama belirtisi göstermiyorlardı. Daha geçen hafta bir gazetede Doğu Çin Denizi'ndeki küçük Okinawa Adası'nda yaşayan bir grup insan hakkındaki haberi okudum. Ada dünyada yüz yaşın üzerindeki insanlardan oluşan en kalabalık topluluğu barındırması nedeniyle hayrete düşen araştırmacıların akınına uğramıştı."

"Ne bulmuşlar?"

"Uzun ömürlü olmalarının ana sırlarından biri vejetaryen beslenme şekilleriymiş."

"Fakat bu tip bir diyet sağlıklı mı? Bunun pek fazla güç vereceğini düşünmüyorsundur herhalde. Hâlâ çalışan bir avukat olduğumu hatırla Julian."

"Bu doğanın öngördüğü beslenme şeklidir. Canlı, yaşamsal ve son derece sağlıklıdır. Bilgeler binlerce yıldır bu diyetle yaşamışlardır. Buna sattvic veya saf beslenme derler.

Güç konusundaki kaygına gelince, gorillerden fillere kadar gezegenimizdeki en güçlü hayvanlar gururlu vejetaryenlerin alametini taşır. Bir gorilin insandan otuz kez daha güçlü olduğunu biliyor muydun?"

"Bu hoş bilgicik için teşekkürler."

"Bak, bilgeler uçta olan insanlar değiller. Tüm bilgelikleri 'ölçülü bir yaşam sürmek ve aşırılıklardan kaçınmaya' dayanır. Bu nedenle eti seviyorsan elbette onu yemeye devam edebilirsin. Yalnızca bunu yaparken ölü gıda tüketmekte olduğunu unutma. Yapabilirsen yediğin kırmızı et miktarını azalt. Bunun sindirimi güçtür ve sindirim sistemi vücudunda en çok enerji tüketen yapıdır, değerli enerji rezervleri bu gıda türü için gereksiz yere harcanır. Nereye varmaya çalıştığımı anlıyor musun? Yalnızca biftek yedikten sonra hissettiğin enerji düzeyini salatadan sonrakiyle karşılaştır. Katı bir vejetaryen olmak istemiyorsan en azından her öğüne salatayla başla ve tatlı olarak da meyve ye. Bu bile fiziksel yaşam kaliten üzerinde büyük fark yaratacak."

"Yapması o kadar güç görünmüyor" diye yanıtladım. Büyük ölçüde vejetaryen bir diyetin verdiği güç hakkında ben de bir şeyler duyuyordum. Daha geçen hafta Jenny'nin anlattığına göre Finlandiya'daki bir çalışmada vejetaryen diyetle beslenmeye başlayanların yüzde otuz sekizinin bu yeni yaşam tarzına geçtikten yalnızca yedi hafta sonra daha az yorgun ve çok daha dinç hissettikleri belirtilmiş. Her öğün salata yemeyi denemeliyim. Sana bakıyorum da belki öğünlerim salatadan ibaret olsa daha iyi.

"Bunu yaklaşık bir ay dene ve sonucu kendin değerlendir. Harikulade hissedeceksin."

"Tamam. Bu bilgeler için yeterince iyiyse benim için de iyidir. Sana söz veriyorum, bunu deneyeceğim. Çok zor görünmüyor, nasılsa her akşam barbekü yapmaktan usanmıştım."

"Yaşam Gıdası Ritüeli'ni beğendiysen sanırım dördüncüyü de çok seveceksin."

"Öğrencin hâlâ öğrenmek için bekliyor."

"Dördüncü ritüel 'Bereketli Bilgi Ritüeli' olarak bilinir. Bu yaşam boyu öğrenmek, öğrendiklerini kendinin ve çevrendekilerin iyiliğini esas alarak geliştirmeni merkez alır."

"Şu eski 'bilgi güçtür' görüşü mü?"

"Bundan çok daha fazlası var John. Bilgi yalnızca potansiyel güçtür. Gücün görülebilmesi için uygulanması gerekir. Çoğu kimse belirli bir durumda veya bu bağlamda yaşamlarında ne yapmaları gerektiğini bilir. Sorun bilgiyi kullanmak ve düşlerini gerçekleştirmek için her gün, tutarlı bir çaba göstermemeleridir. Bereketli Bilgi Ritüeli tamamıyla yaşamın öğrencisi durumuna gelmeye ilişkindir. Hatta daha önemlisi, bu varoluş dersliğinde öğrendiklerini kullanmanı gerektirir."

"Yogi Raman ve diğer bilgeler bu ritüeli yaşamak için ne yapıyorlardı?"

"Bereketli Bilgi Ritüeli'ni uygulamak için her gün birçok alt ritüeller gerçekleştirirlerdi. En önemli stratejilerden biri aynı zamanda en kolay olanıydı. Ona bugün bile başlayabilirsin."

"Fazla zaman almaz değil mi?"

Julian gülümsedi. "Seninle paylaştığım bu teknikler, araçlar ve ipuçları seni her zaman olduğundan daha üretken ve verimli yapacak. Böyle konularda cimri değil eli açık olmalısın."

"Ne demek istedin?"

"Bilgisayarlarını sürekli kullandıkları için verileri yedeklemeye zaman bulamadıklarını söyleyen kişileri düşün. Bu makineler bozulup aylarca emek harcanan önemli çalışmalar yitirildiğinde günde birkaç dakikayı yedekleme için ayırmadıklarına pişman olurlar. Beni anlıyor musun?"

"Önceliklerimi doğru saptamalıyım öyle mi?"

"Kesinlikle. Yaşamını takviminin kölesi olarak yaşamamayı dene. Onun yerine vicdanın ve kalbinin sana yapmanı söylediği şeylere odaklan. Kendine yatırım yapar, zihin, vücut ve karakterini en yüksek seviyeye çıkarmaya adarsan, neredeyse içinde sana en büyük ve tatmin edici sonuçları almak için neler yapman gerektiğini söyleyen özel bir dümenci varmış gibi hissedeceksin. Saat hakkında kaygılanmayı bırak ve yaşamaya bak."

"Gayet iyi anladım. Peki az önce bana anlatacağın bu alt ritüel neydi?" diye sordum.

"Düzenli olarak oku. Günde yarım saat okumak mucizeler yaratır. Ancak seni uyarmalıyım. Bunu rastgele yapmamalısın. Verimli zihin bahçene girmesine izin vereceğin şeyler hakkında çok seçici olmalısın. Bunlar son derece besleyici olmalı. Seni ve yaşam kaliteni geliştirecek şeyler seç."

"Bilgeler ne okuyordu?"

"Uyanık oldukları zamanın çoğunu, atalarının kadim tekniklerini okumaya ve tekrar okumaya ayırırlardı. Bu felsefi literatürü adeta yutmuşlardı. Bu harika insanların küçük bambu sandalyelerde oturup, tuhaf biçimde ciltlenmiş kitaplarını dudaklarında aydınlanmanın ince tebessümüyle okuyuşlarını hâlâ gözümde canlandırabiliyorum. Okumanın gücünü ve akıllı kişinin en iyi dostunun kitap olduğu prensibini Sivana'da öğrendim."

"O halde elime geçen her iyi kitabı okumalı mıyım?"

Yanıtı "Evet ve hayır" oldu. "Sana asla olabildiğince çok kitap okumanı önermiyorum. Ancak hatırlamalısın ki bazı kitaplar tadına bakmak, bazıları önce ağızda iyice çiğnemek ve bazıları da bütün halde yutmak içindir. Bu bana başka bir konuyu hatırlattı."

"Acıktığını mı?"

"Hayır John" dedi Julian gülerek. "Sadece gerçekten iyi kitaplardan, en iyisini alabilmek için yalnızca okumakla yetinmeyip üzerinde ciddi biçimde çalışman gereken kitaplardan söz ediyorum. Onları, önemli müvekkillerinin yasal görüşünü almak için sana getirdikleri kontratları okurken yaptığın gibi incele. Gerçekten dikkat sarf et, üzerinde çalış, bütünleş. Bilgeler, büyük kütüphanelerindeki ilmi kitapların çoğunu on ya da on beş kez okumuşlardır. Bu büyük kitaplara ilahi bir kaynaktan gelen yazmalar, kutsal metinlermiş gibi davranırlardı."

"Vay. Okumak gerçekten bu kadar önemli mi?"

"Her gün sadece yarım saat okumak bile yaşamında keyifli bir değişiklik yapacak, çünkü engin bilgi birikimlerinin tümünün senin emrine amade olduğunu görmeye başlayacaksın. Karşılaşabileceğin her problem için her çözüm yazılıdır. Daha iyi bir avukat, baba, arkadaş veya âşık olmak istiyorsan, bir yerde seni bu hedeflere hızla ulaştıracak kitaplar mevcuttur. Yaşamında yapabileceğin tüm hatalar bu yollardan senden önce yürümüş olan kişilerce önceden yapılmıştır. Karşılaştığın güçlüklerin sadece sana özgü olduğuna gerçekten inanıyor musun?"

"Bunu hiç düşünmemiştim Julian. Ancak ne demek istediğini anlıyorum ve haklı olduğunu biliyorum."

"Birinin hayatı boyunca yaşadığı ve yaşayabileceği tüm sorunlarla önceden karşılaşılmıştır" diye ekledi Julian. "Daha önemlisi yanıtlar ve çözümlerin tümü bu kitapların sayfalarında kayıtlıdır. Doğru kitapları oku. Senden öncekilerin şimdi karşılaşmakta olduğun güçlüklerle başa çıktıklarını öğren. Onların başarı stratejilerini uygula, yaşamında gözleyeceğin iyileşmelere hayret edeceksin."

"Bu 'doğru kitaplar' tam olarak hangileridir?" diye sordum, Julian'ın harika bir noktaya değindiğini hemen fark ederek.

"Bunu senin başarılı yargılama yeteneğine bırakacağım dostum. Kişisel olarak günlerimin bir kısmını, Doğu'ya yaptığım yolculuk sırasında hayran kaldığım bu insanların biyografilerini okumaya ve edebiyatın bilgeliğine ayırıyorum."

"Hevesli bir çaylağa önerebileceğin birkaç isim var mı?" diye sordum, geniş bir gülümsemeyle.

"Elbette. Büyük Amerikalı Benjamin Franklin'in biyografisinden çok şey öğrenebilirsin. Mahatma Gandhi'nin Bir Özyaşam Öyküsü[4] adlı otobiyografisinden ilerleme konusunda hayli güç alabilirsin. Sana Herman Hesse'in Siddhartha'sını, Marcus Aurelius'un oldukça pratik felsefesini ve Seneca'nın bazı çalışmalarını da öneririm. Napoleon Hill'in Düşün ve Zengin Ol'unu bile okuyabilirsin. Ben geçen hafta okudum ve oldukça derin olduğunu düşünüyorum."

"Düşün ve Zengin Ol!" diye tekrarladım hayretle. "Ama kalp krizinden sonra tüm bunları geride bıraktığını sanıyordum. Orada burada zayıfların sırtından para kazanmak için şarlatanlarca pazarlanan 'çabuk para kazanmanın yolları' türü kitapçıklardan gerçekten sıtkım sıyrıldı."

"Sakin ol koca adam! Bu konuda seninle tamamen hemfikiriz" dedi Julian, akıllı ve sevgi dolu bir büyükbabanın tüm sıcaklığı ve sabrıyla. "Toplumumuzdaki etik değerlerin iyileşmesini ben de istiyorum. Bu küçük kitap para kazanmak değil yaşamını zenginleştirmek hakkında. Sana iyi olmakla hali vakti yerinde olmak arasında çok büyük bir fark bulunduğunu söyleyen ilk kişi sanırım ben olacağım. Bunu yaşadım ve para odaklı bir yaşamın verdiği ıstırabı biliyorum. Düşün ve Zengin Ol spiritüel zenginlik dahil olmak üzere bollukla ve tüm bu güzel şeyleri yaşamına nasıl katacağınla ilgili. Onu okuman iyi olur. Ama ısrar etmeyeceğim."

"Üzgünüm Julian, saldırgan bir avukat gibi konuşmak istemedim" dedim kendimi affettirmek isteyerek. "Sanırım bazen sinirlerime hâkim olamıyorum. Bu da düzeltmek istediğim bir başka şey. Benimle paylaştığın tüm bu şeyler için gerçekten teşekkür borçluyum."

"Sorun değil, unuttum bile. Söylemek istediğim okumak ve sürekli okumaktı. Başka ilginç bir şey duymak ister misin?"

"Nedir?"

"Yaşamına böylesi bir zenginlik katacak olan, senin kitaplardan çıkaracakların değil, kitapların sonunda yaşamını

---

4 Story of My Experiments with Truth'tan Türkçeye Çev. Vedat Günyol, Cem Yayınevi, İstanbul, 2001. –y.h.n.

değiştirecek biçimde sende ortaya çıkaracaklarıdır. Görüyorsun John kitaplar sana aslında yeni bir şeyi öğretmez."

"Gerçekten mi?"

"Gerçekten. Kitaplar aslında zaten senin içinde olanları görmene yardım eder. Aydınlanma budur. Tüm seyahatlerim ve keşiflerimden sonra anladım ki tam bir daire çizerek genç bir çocuk olarak başladığım noktaya dönmüşüm. Ancak şimdi kendimi tanıyorum, ne olduğumu ve ne olabileceğimi biliyorum."

"O halde Bereketli Bilgi Ritüeli tamamen okumak ve orada bir yerde duran manevi zenginlik bilgisini keşfetmekle ilgili öyle mi?"

"Kısmen. Şimdilik günde otuz dakika oku. Gerisi doğal olarak gelir" dedi Julian bir gizemli bir imayla.

"Tamam, Işık Saçan Yaşamın beşinci ritüeli nedir?"

"Bu 'Kendin Hakkında Düşünme Ritüeli'dir. Bilgeler iç dünyalarında dalıncın gücüne kuvvetle inanırlar. Kendini tanımaya zaman ayırmakla varlığının, sahip olduğunu hiç bilmediğin bir boyutuyla bağlantı kuracaksın."

"Kulağa çok derin geliyor."

"Bu aslında çok pratik bir kavramdır. Görüyorsun, hepimiz içimizde uyuyan birçok yetenek taşıyoruz. Bunları tanımaya zaman ayırarak canlandırabiliriz. Ancak sessiz dalınç bundan fazlasını getirecektir. Bu uygulama seni daha güçlü, kendinle daha barışık ve akıllı biri yapacaktır. Bu zihnini kullanmanın çok değerli bir biçimidir."

"Bu kavramı hâlâ tam olarak anlayamadım Julian."

"Haklısın. İlk duyduğumda bana da yabancı gelmişti. Temel biçimiyle ele alırsak Kendin Hakkında Düşünme Ritüeli, düşünme alışkanlığından başka bir şey değildir."

"Ama hepimiz düşünmez miyiz? Bu insan olmanın bir özelliği değil mi?"

"Evet, çoğumuz düşünürüz. Ama sorun çoğu insanın sadece hayatta kalmaya yetecek kadar düşünmesidir. Benim sözünü ettiğim, gelişme sağlayacak kadar düşünmek. Benjamin Franklin'in biyografisini okuduğunda ne demek istediğimi anlayacaksın. O, bütün gün süren verimli çalışmalarının ardından her akşam tüm davranışlarını gözden geçirir, bunların olumlu ve yapıcı mı yoksa olumsuz mu olduğunu, düzeltmesi gereken bir tavrı olup olmadığını düşünürdü. O gün neyi yanlış yaptığını açıkça bilmekle kendini kontrol etme ustalığı yolunda iyileşme ve gelişmeye yönelik adımları atabilecek duruma gelirdi. Bilgelerde aynını yapardı. Her gece güzel kokulu gül yapraklarıyla kaplı kulübelerinin mabedine çekilerek derin bir dalınç içinde otururlardı. Aslında, Yogi Raman geçirdiği günün yazılı kaydını tutardı."

"Ne tür şeyleri yazardı?" diye sordum.

"Sabahları yaptığı kişisel bakım çalışmalarından diğer bilgelerle ilişkilerine ve yakacak odun ile taze yiyecek bulmak için ormana yaptığı yolculuklara kadar her şeyi sıralardı. O gün zihninden geçen düşünceleri de kaydederdi."

"Bunu yapmak zor değil mi? On iki saati bırak beş dakika önce ne düşündüğümü bile zor hatırlıyorum."

"Bu ritüeli her gün uygularsan zor değil. Göreceksin herkes benim aldığım türde sonuçlar alabilir. Herkes. Asıl sorun pek çok insanın excusitus[5] denen hastalığa tutulmuş olması."

"Sanırım geçmişte ben de buna kapılmıştım" dedim zeki arkadaşımın neden söz ettiğini bütünüyle anlayarak.

Julian "Bahaneler yaratmayı bırak ve sadece yap!" dedi, güçlü inancının hissedildiği bir ses tonuyla.

"Neyi yapayım?"

"Düşünmeye zaman ayır. Düzenli bir iç gözlem alışkanlığı edin. Yogi Raman tüm yaptıkları ve düşündüklerini bir sütunda sıraladıktan sonra karşısındaki sütuna da değerlendirmelerini yazardı. Yazıya döktüğü davranışları ve düşünceleriyle yüzleştikten sonra kendine bunların olumlu olup olmadıklarını sorardı. Öyle iseler uzun dönemde büyük ka-

5 Mazeret yaratma alışkanlığı. –ç.n.

zanımlar sağlayacaklarından değerli enerjisini bunlara vermeye devam ederdi."

"Ya olumsuzlarsa?"

"Bu durumda onlardan kurtulmak için açık bir tutum sergilerdi."

"Sanırım bir örneğin bana yardımı olacak."

"Kişisel olabilir mi?" diye sordu Julian.

"Elbette, senin içten düşüncelerinden birkaçını duymayı çok isterim" dedim.

"Aslında ben seninkileri düşünüyordum."

Okul bahçesindeki iki çocuk gibi kıkırdamaya başladık.

"Ah, tamam. Her zaman dediğini yaparsın."

"Tamam, bugün yaptığın birkaç şeyle başlayalım. Bunları masadaki şu kâğıda yaz" talimatını verdi Julian.

Az sonra önemli bir şeyler olacağını hissettim. Yıllardır ilk kez yaptıklarım ve düşündüklerimi değerlendirmeye zaman ayırıyordum. Bu çok alışılmadık ancak bir o kadar da akıllıcaydı. Her şey bir yana neyi iyileştirmem gerektiğini anlamaya zaman ayırmaksızın kendimi ve yaşamımı iyileştirmeyi nasıl umabilirdim?"

"Nereden başlamalıyım?" diye sordum.

"Bu sabah neler yaptığından başla ve gününün kalan kısmına ilerle. Yalnızca birkaç önemli noktaya değin, daha konuşacağımız çok şey var ve birkaç dakika sonra Yogi Raman'ın öyküsüne dönmek istiyorum."

"Güzel. Altı buçukta kalktım elektrikli horozumun sesiyle" diye espri yaptım.

"Ciddi ol ve devam et" diye yanıtladı Julian sertçe.

"Tamam. Sonra duş yaptım, tıraş oldum ve bir omleti mideme indirdikten sonra işe gitmek için aceleyle çıktım."

"Ailen ne yaptı?"

"Hepsi uyuyordu. Her neyse, ofise vardığımda yedi otuz randevumun yediden beri beklemekte olduğunu gördüm, ah dostum, bir de sinirlenmemiş mi!"

"Senin tepkin ne oldu?"

"Kendimi savundum, ne yapsaydım, beni sıkıştırmasına izin mi verseydim?"

"Hımm. Tamam. Sonra ne oldu?"

"İşler daha kötüye gitti. Mahkemeden aradılar, Yargıç Wildabest'in beni ofisinde görmek istediğini ve on dakika içinde orda olmazsam 'birilerinin kellesinin gideceğini' söylediler. Wildabest'i hatırlıyorsun değil mi? Ferrari'ni onun park yerine bıraktığın için seni mahkemeye itaatsizlikle suçladıktan sonra ona Vahşi Hayvan[6] lakabını takan sendin!" dedim kahkahalarla, o olayı hatırlayarak.

"Bunu hatırlatmak zorundaydın, değil mi?" diye yanıtladı Julian, o zamanlar herkesçe konuşulan bu hınzırca davranışı gözünde canlanarak.

"Her neyse, mahkeme binasına koştum ve kâtiplerden biriyle başka bir tartışma daha yaptım. Ofise döndüğümde beni hepsi 'acil' olarak işaretlenmiş yirmi yedi telefon mesajı bekliyordu. Daha devam edeyim mi?"

"Evet, lütfen."

"Pekâlâ, eve dönüş yolunda arabamdayken Jenny aradı ve annesine uğrayıp onun meşhur keklerinden almamı istedi. Sorun şu ki, oraya giden kavşağa saptığımda yıllardır gördüğüm en kötü trafik tıkanıklığının içine girmiş oldum. Sonuçta mesai bitimi trafiğinin ortasında, otuz beş derece sıcakta, sinirden titreyerek ve daha da çok zaman kaybedeceğimi düşünerek kalakaldım."

"Tepkin ne oldu?"

"Trafiğe lanet yağdırdım" dedim samimiyetle. "Aslında arabamın içinde bağırıyordum. Neler söylediğimi duymak ister misin?"

"Sanırım bu bahçemi beslemek isteyeceğim türden bir şey değil" diye yanıtladı Julian hafif bir gülümsemeyle.

"Fakat bu iyi bir gübre olabilir."

"Hayır, teşekkürler. Belki burada durmalıyız. Gününü

6 Orijinal metinde Wildabest ile kafiyeli olan Wild Beast kullanılarak sözcük oyunu yapılmış. –ç.n.

nasıl geçirdiğine bakmak için bir saniye ara verelim. Açıkçası, geriye bakarsan, mümkün olsa kesinlikle farklı davranmış olmayı isteyeceğin en az birkaç şey var."

"Kesinlikle."

"Ne gibi?"

"Hımm. Pekâlâ, birincisi, ideal bir dünyada daha erken kalkardım. Yeri dövercesine koşuşturmakla kendime iyilik ettiğimi sanmıyorum. Sabah daha huzurlu ve gün içinde kendimle barışık olmayı isterdim. Bana anlattığın Gülün Kalbi tekniği burada işe yarayacak gibi görünüyor. Ayrıca kahvaltı masasında yanımda ailemin olmasını isterdim, yalnızca bir şeyler atıştırmak için otursalar da. Bu bana daha iyi bir denge duygusu verirdi. Jenny ve çocuklara yeterince zaman ayıramadığımı düşünüyorum sürekli."

"Ama bu mükemmel bir dünya ve senin mükemmel bir yaşamın var. Gününü kontrol altına alabilecek güce sahipsin. Düşlerini gerçekleştirebilecek güç elinde!" dedi Julian, sesini yükselterek.

"Bunu anlıyorum. Gerçekten değişebileceğimi hissetmeye başladım."

"Harika. Şimdi gününü değerlendirmeye devam edelim" komutunu verdi.

"Pekâlâ, müvekkilime bağırmamış olmayı isterdim. Mahkeme kâtibiyle tartışmamış ve trafiğe lanet etmemiş olmayı da."

"Trafik buna aldırmıyor değil mi?"

"Tıkanmayı sürdürüyor" diye mırıldandım.

"Sanırım şimdi Kendin Hakkında Düşünme Ritüeli'nin gücünü anlamaya başladın. Yaptığın şeylere, gününü nasıl geçirdiğine ve zihninden geçen düşüncelere bakarak gelişme düzeyini ölçmek üzere kendine puan verebilirsin. Yarını iyileştirmenin tek yolu bugün neyi yanlış yaptığını bilmektir."

"Ve hataların tekrarlanmaması için açık bir planla gelmelisin değil mi?" diye ekledim.

"Kesinlikle. Hata yapmanın eleştirilecek bir tarafı yok. Hatalar yaşamın bir parçasıdır ve gelişme için gereklidir. Bu şöyle söylemeye benziyor, 'mutluluk doğru kararlarla, doğru kararlar deneyimle ve deneyim yanlış kararlarla gelir.' Ancak aynı hataları tekrar tekrar, her gün yinelemenin kabul edilebilir bir tarafı yok. Bu tam da insanları hayvanlardan ayıran bir nitelik olan kendinden haberdar olma yetisinden tamamen yoksunluğun göstergesidir."

"Bunu daha önce hiç duymamıştım."

"Evet bu doğru. Yalnızca insanlar kendilerinden bir adım öteye giderek neyi doğru, neyi yanlış yaptıklarını analiz edebilirler. Bir köpek bunu yapamaz. Bir kuş da. Hatta bir maymun bile yapamaz bunu. İşte Kendin Hakkında Düşünme Ritüeli budur. Günlerinde ve genel olarak yaşamında neyin doğru ve neyin yanlış olduğunu düşün. Sonra çabucak gelecek iyileşmelere hazır ol."

"Düşünecek çok şey var Julian" dedim. "Düşünecek çok şey var" diye yineledim kaygılı bir ifadeyle.

"Işık Saçan Yaşamın altıncı ritüeline ne dersin: 'Erken Uyanma Ritüeli'."

"Ah!. Sanırım neyin geleceğini biliyorum."

"Uzaklardaki cennet diyarı Sivana'da öğrendiğim en iyi öğütlerden biri, güne iyi başlamak için güneşle birlikte kalkmaktı. Çoğumuz bizim için gerekli olandan fazla uyuruz. Ortala biri için altı saat uyku mükemmel, sağlıklı ve dinç olması için yeterlidir.

"Aslında uyku bir alışkanlıktan başka bir şey değildir ve diğer alışkanlıklarda olduğu gibi istediğin sonucu almak için kendini eğitebilirsin; bu durumda daha az uyumak için sözgelimi."

"Ama çok erken kalkarsam çok bitkin hissediyorum" dedim.

"İlk birkaç gün çok yorgun hissedeceksin. Bunu rahatlıkla söyleyebilirim. Hatta erken kalkmaya başladığın ilk hafta boyunca böyle hissedebilirsin. Bunu lütfen uzun dönemli kazanım için kısa süreli küçük bir sıkıntı olarak gör. Yeni bir alışkanlık kazanmaya çalıştığında hep bir parça sıkıntı yaşayabilirsin. Bu yeni bir çift ayakkabı ayağına alışana dek hissettiğin rahatsızlığa benzer; ilkin giymesi biraz zordur ama kısa süre sonra eldiven gibi otururlar. Sana daha önce söylediğim gibi acı çoğunlukla kişisel gelişimin habercisidir. Ondan korkma. Aksine onu kucakla."

"Tamam. Erken kalkmak için kendimi eğitme fikrini sevdim. Önce şunu sorayım, 'erken' ne anlama geliyor?

"Güzel bir soru daha. İdeal bir saati yok. Şu ana dek seninle paylaştığım her şey gibi, senin için doğru olanı yap. Yogi Raman'ın öğüdünü hatırla;: uçta olandan kaçın, her şey ılımlı olmalı."

"Güneşle uyanmak bana uç bir nokta gibi geliyor."

"Aslında değil. Yeni günün ilk ışıklarından daha görkemli olan pek az doğal güzellik vardır. Bilgeler güneş ışıklarının Cennetin armağanı olduğuna inanırlar ve aşırısından kaçınmakla birlikte düzenli olarak güneş banyosu yaparlardı; onları sabahın ilk ışıklarıyla dans ederken görebilirdin çoğu kez. Bunun, olağanüstü uzun yaşamlarının bir başka anahtarı olduğuna kesinlikle inanıyorum."

"Sen de güneşlenir misin?" diye sordum.

"Kesinlikle. Güneş beni gençleştirir. Yorgun olduğumda ruhumu canlandırır. Doğu'nun kadim kültüründe güneşin ruha açılan kapı olduğuna inanılırdı. İnsanlar ruhlarıyla birlikte vücutlarının da serpilmesi için ona dua ederlerdi. Güneş ışığı yaşam enerjini açığa çıkarır, duygusal ve fiziksel canlılığını tazeler. O keyifli bir hekimdir, ziyaretlerin aşırıya kaçmadığı sürece elbette. Hay aksi! Konudan uzaklaştım. Her gün erken kalkmaktan söz ediyorduk."

"Hımm. Bu ritüeli kendi alışkanlıklarım arısına nasıl alabilirim?"

"İşte birkaç ipucu. Öncelikle uykunun miktarı değil kalitesinin önemli olduğunu asla unutmamalısın. Altı saatlik kesintisiz derin uyku on saatlik aralıklı uykudan daha iyidir.

Tüm mesele vücudunu dinlendirmektir. Böylelikle doğal süreçler günlük uğraşların stresi ve güçlükleri nedeniyle zarar gören fiziksel yapını doğal sağlıklı durumuna gelecek şekilde onarıp yenileyebilir. Bilgelerin alışkanlıklarının çoğu kaliteli dinlenmenin, çok uyumaktan daha önemli olduğunu anlaması gerektiği prensibine dayanır. Örneğin Yogi Raman akşam 8'den sonra asla bir şeyler yemezdi. Yemek yemenin tetiklediği sindirim etkinliğinin uyku kalitesini düşürdüğünü söylemişti. Bir başka örnek de bilgelerin uyumaya gitmeden önce arplerinin yumuşak sesiyle meditasyon yapma alışkanlıklarıydı."

"Bunun ardındaki neden nedir?"

"Sana şunu sorayım John. Her gece uyumadan önce ne yaparsın?"

"Jenny'yle birlikte haberleri izlerim, tanıdığım çoğu kimse gibi."

"Ben de öyle düşünmüştüm" diye yanıtladı Julian, gözlerinde gizemli bir pırıltıyla.

"Anlayamadım. Uyumadan önce biraz haber izlemekte ne kötülük var?"

"Uymadan önceki on dakika ile uyandıktan sonraki on dakikalık sürenin bilinçaltın üzerinde büyük etkisi vardır. En ilham verici ve huzurlu düşünceler zihnine bu süreler içinde programlanır."

"Zihnimi bir bilgisayar yaptın."

"Bu çok da yerinde bir bakış açısı; içine ne koyarsan onu bulursun. Daha da önemlisi programcı sadece sensin. İçeri girecek düşünceleri seçerek dışarıya ne çıkacağını da kesin biçimde belirlersin. Bu nedenle uyumadan önce haberleri izleme veya biriyle tartışma, hatta günün olaylarını bile zihninden geçirme. Rahatla, istersen bir fincan bitki çayı iç. Sakin bir klasik müzik dinle, kendini zengin ve yenileyici derin bir uykuya dalmaya hazırla."

"Anladım. Ne kadar iyi uyursam o kadar az uykuyla yetinebilirim."

"Kesinlikle. Bir de Yirmi Bir Kadim Kuralı'nı hatırla: Bir şeyi art arda yirmi bir gün tekrarlarsan bu bir alışkanlık olarak yerleşir. Bu nedenle erken kalkma rutinine üç hafta kadar vazgeçmeden bağlı kal, çünkü başta oldukça rahatsız edici gelebilir. Sonra yaşamının bir parçası olacak. Kısa süre içinde sabah beş buçukta, hatta beşte muhteşem yeni bir günün görkeminin keyfini çıkarmak üzere kolayca kalkabileceksin."

"Tamam, diyelim ki her gün beş buçukta kalkıyorum, ne yapacağım?"

"Soruların düşündüğünü gösteriyor dostum. Bunu takdir ediyorum. Bir kez kalktıktan sonra yapabileceğin çok şey var. Aklında tutman gereken temel ilke güne iyi başlamaktır. Söylediğim gibi uyandıktan sonraki ilk on dakika içinde düşündüklerin ve yaptıklarının günün geri kalanı üzerinde belirgin etkileri vardır."

"Ciddi misin?"

"Kesinlikle. Olumlu şeyler düşün. Tüm sahip oldukların için şükret. Şükran listen üzerinde çalış. Biraz güzel müzik dinle. Güneşin doğuşunu izle, hatta belki doğal bir çevrede kısa bir yürüyüş bile yapabilirsin istersen. Aslında bilgeler sabahın erken saatlerinde uçuşan 'mutluluk özlerini' içlerine çekmek için içlerinden gelse de gelmese de gülerlerdi."

"Julian, açık fikirli olmak için çabalıyorum ve sanırım bir acemi için bunu iyi yaptığımı sen de kabul ediyorsundur. Ama bu kulağa gerçekten tuhaf geliyor, Himalayalar'da yaşayan bir bilge grubu için bile."

"Ama değil. Dört yaşındaki bir çocuğun günde kaç kez güldüğünü tahmin et."

"Kim bilir?"

"Ben biliyorum; üç yüz kez. Şimdi toplumumuzdaki ortalama bir yetişkinin bir gün boyunca kaç kez güldüğünü tahmin et."

"Elli" diye şansımı denedim.

"Şunu on beş yap" dedi Julian memnun bir halde gülümseyerek. "Ne demek istediğimi anlıyor musun? Gülmek ruhun ilacıdır. İçinden gelmiyorsa bile bir aynaya bak ve birkaç dakika gül. Kendini harika hissetmekten alıkoyamayacaksın. William James 'Mutlu olduğumuz için gülmeyiz. Güldüğümüz için mutluyuzdur' demiş. Bu nedenle güne keyifli bir adımla başla. Gül, neşelen ve tüm sahip oldukların için şükret. Göreceksin, her gün güzel armağanlar getirecek."

"Olumlu ilişkiler için güne nasıl başlıyorsun?"

"Aslında, Gülün Kalbi'nden taze sıkılmış meyve suyuna kadar her şeyi içeren oldukça gelişmiş bir sabah rutini yarattım. Ancak seninle paylaşmayı özellikle istediğim bir strateji var."

"Kulağa mühimmiş gibi geliyor."

"Öyle. Sabah kalktıktan hemen sonra sessizlik sığınağına git. Sakince otur ve odaklan. Sonra kendine şu soruyu sor: 'Eğer bugün benim son günüm olsaydı ne yapardım?' Burada anahtar bu sorunun gerçek anlamını yakalamaktır. Zihninde yapacağın her şeyin, arayacağın insanların ve keyif alacağın anların listesini yap. Bu şeyleri büyük bir enerji ile yaptığını canlandır. Ailene ve arkadaşlarına nasıl davranacağını hayal et. Hatta bu gezegendeki son günün olsaydı sana tamamen yabancı olan kişilere nasıl davranacağını da kafanda canlandır. Sana daha önce söylediğim gibi, her gününü son gününmüş gibi yaşadığında yaşamın sihirli bir hale dönüşür. Beni de Işık Saçan Yaşam ritüellerinin yedincisine getirir; Müzik Ritüeli."

"Buna bayılacağımı hissediyorum" dedim.

"Eminim öyle olacak. Bilgeler yaptıkları müziği seviyorlardı. Tıpkı güneş gibi o da spiritüel bir destek sağlıyordu. Müzik onları güldürüyor, dans ettiriyor ve şarkı söylemeye itiyordu. Senin için de aynı etkiyi gösterecektir. Asla müziğin gücünü unutma. Her gün müzikle bir miktar zaman geçir; bu işe giderken arabada yumuşak bir müzik dinlemek bile olabilir. Kendini üzgün veya yorgun hissettiğinde biraz müzik dinle. Bu, benim bildiğim en iyi motive edici eylemlerden biri."

"Senin dışında!" diye bağırdım içten bir şekilde. "Sadece seni dinlemek bile kendimi harika hissetmeme yetiyor. Gerçek anlamda değişmişsin Julian, hem de sadece dış görünüşünle değil. Eski sinikliğin gitmiş. Eski negatifliğin kaybolmuş. Eski saldırganlığın yok olmuş. Gerçekten kendinle barışık gibisin. Bu gece bu halini görmek beni gerçekten duygulandırdı."

"Hey, daha fazlası da var!" diye bağırdı Julian, tek yumruğunu havaya kaldırarak. "Hadi devam edelim."

"Başka türlüsünü düşünemezdim zaten."

"Tamam. Sekizinci ritüel 'Sözcükleri Tekrarlama Ritüeli'. Bilgeler sabah, öğle ve akşam tekrarladıkları bir dizi mantra'ya sahipti ve bana bu uygulamanın onları hedeflerine odaklı, güçlü ve mutlu kılmada son derece etkili olduğunu söylerlerdi."

"Mantra nedir?" diye sordum.

"Mantra pozitif bir etki yaratmak amacıyla birbirine eklenmiş kelimelerin oluşturduğu bir diziden başka bir şey değil. Sanskritçede 'man' 'zihin' ve 'tra' 'özgürleştirici' anlamına gelir. Dolayısıyla mantra zihni özgürleştirmek için kullanılan bir cümledir. Ve inan bana John, mantra'lar bu amaca çok güçlü bir şekilde ulaşır."

"Sen günlük rutininde mantra'ları kullanıyor musun?"

"Tabii ki. Onlar nereye gidersem gideyim benim sadık yoldaşlarımdır. İster otobüste, ister kütüphaneye giderken, isterse bir parkta oturmuş insanları seyrederken dünyamdaki iyi şeyleri mantra'lar yoluyla sürekli olarak teyit ederim."

"Yani mantra'lar söylenen sözler midir?"

"Öyle olmaları gerekmez. Yazılı tekrarlamalar da çok etkilidir. Fakat bir mantra'yı sesli tekrarlamanın ruhum üzerinde harika bir etkisi olduğunu keşfettim. Motive olmam gerektiği zaman içimden şu cümleyi iki üç yüz kere tekrar ederim: 'Motivasyonum yüksek, disiplinliyim ve enerji doluyum.' Ulaştığım en yüksek kendine güven duygusunu korumak için 'Güçlüyüm, becerikliyim ve huzurluyum' cümlesini tekrarlarım. Hatta genç ve yaşam dolu kalmamı sağlayan mantra'ları da kullanırım" diye itirafta bulundu Julian.

"Bir mantra seni nasıl genç tutabilir?"

"Kelimeler zihni çarpıcı biçimde etkiler. İster sözlü, isterse yazılı olsunlar güçlü etkilere sahiptirler. Başka insanlara söylediklerin önemlidir ancak kendine söylediklerin daha da önemlidir."

"Kendi kendine konuşma?"

"Kesinlikle. Sen bütün gün üzerinde düşündüğün şeysin. Ayrıca bütün gün kendine söylediğin şeysin. Kendine yaşlı ve yorgun olduğunu söylersen, bu mantra sende dış gerçeklik olarak ortaya çıkacaktır. Güçsüz olduğunu ve etrafına ilginin kaybolduğunu söylersen, bu da senin dünyanın doğası durumuna gelecektir. Fakat kendine sağlıklı, dinamik ve son derece yaşam dolu olduğunu söylersen, yaşamın dönüşüm geçirecektir. Gördüğün gibi, kendine söylediğin sözler senin imgeni etkiler ve imgen gerçekleştirdiğin eylemleri belirler. Örneğin, imgen değerli herhangi bir şey yapma güveni kaybolmuş bir kişiyse, sadece bu özellik ile paralel olan eylemleri gerçekleştirebilirsin. Öte yandan, imgen korkusuz ve ışık saçan bir kişininki gibiyse, yine tüm eylemlerin bu özellik ile paralel olacaktır. Kendi imgen senin gelecekte yapacaklarının kehanetini içinde taşır."

"Nasıl yani?"

"Bir şeyi yapma becerin olmadığını düşünürsen, örneğin mükemmel bir partner bulmak veya stressiz bir yaşam sürmek gibi, inançların senin kendine bakışını etkiler. Buna karşılık, imgen, mükemmel bir partner bulmak ya da kendine huzurlu bir yaşam biçimi yaratmak için adımlar atmanı da engelleyecektir. Gerçekten bu yönde gösterdiğin çabaları sabote edecektir."

"Neden böyle oluyor?"

"Nedeni basit. Kendine bakışın olayların yöneticisidir.

Asla onunla tutarlı olmayan bir eylemde bulunmana izin vermez. Güzel olan, yaşamında seni geliştirmeyen diğer her şeyi değiştirebildiğin gibi, kendine bakışını da değiştirebilirsin. Mantra'lar bu amacı gerçekleştirmenin mükemmel bir yoludur."

"İç dünyamı değiştirdiğim zaman da, dış dünyamı da değiştirmiş olurum" dedim ödevini anlamış biri edasıyla.

"Vay canına, ne kadar da çabuk öğreniyorsun!" dedi Julian ve baş parmağını havaya kaldırarak önceki yaşamında başarılı bir avukatken çok yaptığı bir jesti tekrarladı.

"Bu da bizi yumuşak inişle Işık Saçan Yaşamın dokuzuncu ritüeline getiriyor. 'Ahenkli Karakter Ritüeli'. Bu, biraz önce konuştuğumuz imge kavramının bir yan dalı. Basitçe ortaya koyarsam, bu ritüel karakterini inşa etmek için her gün, giderek artan bir şekilde kendini geliştirmeni gerektirir. Karakterini güçlendirmen kendini görme biçimini ve gerçekleştirdiğin eylemleri etkiler. Yaptıkların alışkanlıklarını oluşturmak için bir araya gelir ve bu önemlidir. Çünkü alışkanlıkların seni kaderine yöneltir. Belki de Yogi Raman, 'Bir düşünce ekersin, bir eylem biçersin. Bir eylem ekersin, alışkanlık biçersin. Bir alışkanlık ekersin, karakter biçersin. Bir karakter ekersin, kaderini biçersin' derken bunu en iyi şekilde formüle etmişti."

"Karakterimi inşa etmek için ne tip şeyler yapmalıyım?"

"Erdemlerini geliştiren her şey. Sen bana 'erdemlerin' ne olduğunu sormadan önce, bu kavramı açıklamama izin ver. Himalayalar'daki bilge kişiler erdemli bir yaşamın anlamlı bir yaşam olduğuna kuvvetle inanırlardı. Buna bağlı olarak tüm eylemlerini ebedi prensiplere dayanarak yönetirlerdi."

"Fakat, onların yaşamlarını amaçlarının yönettiğini söylediğini hatırlıyorum."

"Evet, aslında öyle. Ama yaşamın çağrısı bu prensipler ile uyumlu bir şekilde yaşamayı içerir; onların atalarının binlerce yıldır kalpten inandıkları prensiplerdir bunlar."

"Bu prensipler nedir Julian?" diye sordum.

"Bunlar basitçe ifade edilebilir; üretkenlik, şefkat, tevazu, sabır, dürüstlük ve cesaret. Tüm eylemlerin bu prensipler ile uyumlu ve tutarlı olduğunda, derin bir iç huzur ve ahenk hissedersin. Bu şekilde yaşamak seni kaçınılmaz olarak spiritüel başarıya taşır. Doğa ve evren yasaları ile uyumlu davranışlarda bulunursun. Bu, başka bir boyutun, örneğin daha yüksek bir gücün enerjisinden faydalanmaya başladığın zamandır. Aynı zamanda bu, sıradanlıktan olağanüstünün dünyasına geçtiğin ve varoluşunun kutsallığını duyumsamaya başladığın zamandır. Yaşam boyu aydınlanmaya doğru ilk adımdır."

"Bu deneyimi yaşadın mı?" diye sordum.

"Yaşadım ve yine yaşayacağımı biliyorum. Doğru şeyleri yap. Gerçek karakterinle uyumlu biçimde yaşa. Dürüst davran. Kalbin seni yönlendirsin. Gerisi kendiliğinden hallolacaktır. Hiçbir zaman yalnız değilsin biliyorsun" diye yanıtladı Julian.

"Ne demek istiyorsun?"

"Bunu sana belki başka bir zaman açıklarım. Şimdi, karakterini inşa etmek için her gün küçük şeyler yapman gerektiğini hatırla. Emerson'ın söylediği gibi; 'Karakter zekâdan daha yüksek bir yerdedir. Yüce bir ruh yaşamak ve düşünmek için güçlü konumdadır.' Karakterin bu prensipler ile uyumlu bir şekilde davrandığında inşa edilmiş olur. Bunu biraz önce anlatmıştım. Bunu yapmayı başaramazsan, gerçek mutluluk senin ulaşamayacağın bir yerlerde olacaktır her zaman."

"Ve son ritüel?"

"Bu, hepsinden önemli olan 'Sadelik Ritüeli'dir. Bu ritüel sade bir yaşam sürmeni gerektirir. Yogi Raman'ın 'İnsan asla ince şeylerin kalınlığında yaşamamalıdır'. Sadece önceliklerine, gerçekten anlamlı olan eylemlere odaklan. O zaman yaşamın derli toplu, doyurucu ve istisnai bir şekilde huzurlu olur. Bu konuda sana garanti veririm' demişti."

Kısa bir süre sessiz kaldıktan sonra devam etti. "Haklıydı. Sapı samandan ayırmaya başladığım zaman yaşamım ahenk kazandı. Alışkanlık haline getirdiğim koşturmacalı ritimde yaşamayı bıraktım. Kasırganın ortasındaymış gibi yaşamaktan vazgeçtim. Onun yerine, hızımı düşürdüm ve meşhur güllerin kokusunu içime çekmek için zaman buldum."

"Sadeliğe ulaşmak için ne gibi şeyler yaptın?"

"Pahalı kıyafetler giymekten vazgeçtim, günde altı gazete okuma alışkanlığımı bir kenara attım, her zaman herkesin emrine amade olmayı bıraktım, vejetaryen oldum ve daha az yemek yedim. Temelde, ihtiyaçlarımı azalttım. Gördüğün gibi John, gereksinim dediğin şeyleri azaltmadıkça asla tatmin olamazsın. Las Vegas'ta rulet masasının başında şanslı rakamın geleceği ümidiyle hep 'Sadece bir tur daha' deyip bekleyen kumarbaz gibi olursun. Hep sahip olduğundan daha fazlasını istersin. Bu şekilde nasıl mutlu olabilirsin ki?"

"Ama daha önce bana mutluluğun başarıyla geldiğini söylemiştin. Şimdi de ihtiyaçlarımızı azaltmamı ve azla yetinmemi söylüyorsun. Bu bir paradoks değil mi?"

"Mükemmel bir noktaya değindin John. Hakikaten harika. Bu çelişki gibi görünebilir, ama değil. Yaşam boyu mutluluk, hayallerini gerçekleştirme yolunda çaba göstermekle kazanılır. İleriye doğru hareket ettiğinde en iyi durumda olursun. Buradaki anahtar, mutluluğunu gökkuşağının sonundaki hiçbir zaman ele geçmeyen altın kâsesini bulma üzerine inşa etmemektir. Örneğin, uzun zaman önce milyoner olmama rağmen, kendime başarının banka hesabında üç yüz milyon dolar olması anlamına geldiğini söylerdim. Bu, felakete reçete çıkartmaktı."

İnanamaz bir şekilde "Üç yüz milyon dolar?" dedim.

"Üç yüz milyon. Sonuç olarak, ne kadar fazla paraya sahip olursam olayım, asla tatmin olmuyordum. Her zaman mutsuzdum. Bu, açgözlülükten başka bir şey değildi. Bunu şimdi rahatlıkla söyleyebilirim. Bu, Kral Midas'ın öyküsü gibiydi. Bunu duyduğuna eminim."

"Elbette. Adam altını o kadar çok seviyormuş ki dokunduğu her şeyin altına dönüşmesi için dua etmiş. Duaları kabul olduğunda çok sevinmiş. Mutluluğu yemekleri de altına dönüşüp aç kalıncaya kadar sürmüş."

Julian sessizleşmişti, dalgın bir şekilde, "Doğru. Benzer şekilde, o kadar paraya odaklanmıştım ki elimdekiler ile tatmin olamıyordum. Ekmek ve su dışında bir şey yiyemediğim bir zaman olduğunu da biliyorsun" dedi.

"Ciddi misin? Her zaman senin meşhur arkadaşlarınla birlikte en iyi restoranlarda yemek yediğini düşünüyordum."

"Önceleri öyleydi. Çok fazla insan bunu bilmez, ama kontrol dışı yaşantım bana kanamalı ülsere mal oldu. Bir sosisli sandviç bile beni hasta etmeye yetiyordu. Ne yaşam ama! O kadar para ve tüm yiyebildiğim ekmek ve su. Gerçekten acınası bir durumdu" dedi Julian itiraf eder bir tavırla. "Ama ben geçmişte yaşayan bir insan değilim. Bu da yaşamın büyük derslerinden biriydi. Sana daha önce de söylediğim gibi, acı, güçlü bir öğretmendir. Acının üstesinden gelmek için önce onu yaşamam gerekiyordu. O olmasaydı bugün olduğum yerde olamazdım" dedi metin bir şekilde.

"Sadelik Ritüeli'ni kendi yaşamıma nasıl uyarlayacağım konusunda bir fikrin var mı?" diye sordum.

"Yapabileceğin çok şey var. Çok küçük şeyler bile fark yaratabilir."

"Ne gibi?"

"Her çaldığında telefona cevap vermeyi bırak, reklam mesajlarını okuyarak zaman harcama, haftada üç gün dışarıda yemek yemekten vazgeç, golf kulübü üyeliğini iptal et ve çocuklarınla daha fazla zaman geçir, haftada bir gün kolunda saatin olmasın, birkaç günde bir güneşin doğuşunu izle, cep telefonunu sat ve çağrı cihazını at. Daha devam edeyim mi?" diye sordu Julian alaycı bir edayla.

"Ne demek istediğini anlıyorum. Ama cep telefonunu

satmak?" diye sordum kaygıyla, göbek kordonu doktorun önerisiyle kesilecek olan bir cenin gibi hissederek.

"Söylediğim gibi, benim görevim yolculuğumuz sırasında bilgeliğimi seninlc paylaşmak. Yaşamını düzene sokmak için her stratejiyi uygulamana gerek yok. Teknikleri dene ve sana uyduğunu düşündüklerini kullan."

"Biliyorum. Uç noktalara gitme, her şey makul ölçülerde olsun."

"Kesinlikle."

"Fakat itiraf etmeliyim ki stratejilerinden her biri kulağa müthiş geliyor. Ancak sadece otuz günde yaşamımda gerçekten kapsamlı değişiklikler sağlayabilirler mi?"

Gamzeli yanaklarındaki yerleşmiş muzip ifadeyle "Otuz günden bile az sürecek, hatta çok daha az" dedi.

"Baştan başlıyoruz. Bunu açıkla bana Ey Bilge Kişi!"

Şakacı bir ifadeyle "'Bilge Kişi" eski antetli kâğıdımda muhteşem görünebilirdi, ama 'Julian' demen yeterli. Otuz günden daha kısa sürecek dedim çünkü gerçek yaşam değişimi kendiliğinden gerçekleşir."

"Kendiliğinden?"

"Evet, gözünü kırpma süresinde. Tam da varlığının en derinlerinde yaşamını en yüksek düzeyine çıkarmaya karar verdiğin anda. O anda, değişim geçirmiş bir insan olacaksın; kendi kader yoluna koyulmuş biri."

"Peki, neden otuz günden daha uzun?"

"Bu stratejileri ve yöntemleri uyguladığında, o andan itibaren bir ay içinde kayda değer iyileşmeler göreceksin. Daha fazla enerji, daha az endişe, daha fazla yaratıcılık ve yaşamının her boyutunda daha az stres. Bunları söyledikten sonra, bilgelerin yöntemlerinin akşamdan sabaha yöntemler olmadığını söyleyeyim. Bunlar geri kalan günlerinde, her gün uygulanmak üzere tasarlanmış kadim geleneklerdir. Onları uygulamayı durdurursan, yavaş yavaş eski alışkanlıklarına geri döndüğünü fark edersin."

Julian bana Işık Saçan Yaşamın on ritüelini açıkladıktan

sonra bir an durakladı. "Devam etmemi istediğini biliyorum ve edeceğim. Seninle paylaştıklarıma o kadar kuvvetle inanıyorum ki bütün gece seni uykusuz bırakmaya aldırmıyorum. Belki de bu, biraz daha derinlere gitmek için iyi bir zaman."

Şaşkınlık içerisinde "Tam olarak ne söylemek istiyorsun? Bu gece işittiklerimin hepsi de oldukça derindi" dedim.

"Sana açıkladığım sırlar senin ve temas kurduğun herkesin arzu ettiğiniz yaşamları yaratmasını sağlayacak. Ancak Sivana Bilgelerinin felsefesi göründüğünden daha fazlasıdır. Şu ana kadar sana öğrettiklerim son derece pratikti. Fakat sana özetlediğim prensiplerin altında akan spiritüel bir akıntı olduğunu da bilmelisin. Neden bahsettiğimi anlamıyorsan, bu noktada kaygılanmana gerek yok. Sadece onu ağzına at, bir süre çiğne; sonra sindirirsin."

"Öğrenci hazır olduğunda öğretmen ortaya mı çıkar?"

"Kesinlikle" dedi Julian gülümseyerek. "Her zaman cin gibi bir öğrenci oldun."

"Tamam, spiritüel konulara geçelim" dedim enerjik bir şekilde, saatin neredeyse sabahın iki buçuğuna geldiğini fark etmeden.

"Senin içinde güneş, ay, gökyüzü ve bu evrenin tüm harikaları yatar. Bu harikaları yaratan zekâ seni yaratan kuvvetin aynısıdır. Etrafındaki her şey aynı kaynaktan gelir. Hepimiz biriz."

"Seni takip edebildiğimden emin değilim."

"Bu dünya üzerindeki her varlığın, bu dünya üzerindeki her nesnenin bir ruhu vardır. Tüm ruhlar tek bir ruha akar; bu, Evrenin Ruhu'dur. Gördüğün gibi John, kendi zihnini ve ruhunu beslediğin zaman aslında Evrenin Ruhu'nu beslemiş olursun. Kendini daha iyi duruma getirdiğinde, etrafındaki herkesin yaşamlarını iyileştirmiş olursun. Hayallerinin ardından kendine güvenerek koşma cesaretine sahip olduğunda, evrenin gücünü kendinde toplamış olursun. Sana daha önce de söylediğim gibi, yaşam sana ondan istediğin şeyi verir. O seni her zaman dinler."

"Yani, kendini kontrol etme ve kaizen, kendime yardım etmem başkalarına yardım etmeme yardım mı edecek?"

"Onun gibi bir şey. Zihnini zenginleştirdikçe, vücuduna özen gösterdikçe ve ruhunu besledikçe, söylediklerimi tam olarak anlayabileceksin."

"Julian. Söylediklerinin iyi şeyler olduğunu biliyorum. Fakat kendini kontrol etme, şu ana kadar kişisel gelişimden çok müvekkil portföyü geliştirmeye zaman harcamış 100 kiloluk bir aile babası için yüksek bir ideal. Başarısız olursam ne olur?"

"Başarısızlık deneme cesaretinden yoksun olmaktır, ne eksik ne fazla. Çoğu insan ile hayalleri arasında duran tek engel başarısızlık korkusudur. Ancak başarısızlık herhangi bir uğraşta başarı için şarttır. Başarısızlık bizi test eder ve gelişmemizi sağlar. Bize aydınlanma yolunda dersler verir ve rehberlik eder. Doğu'nun öğretmenleri yüz kere ıskalamadan nişan tahtasındaki hedefe isabet ettirilemeyeceğini söylerler. Bu, kayıp yoluyla kâr sağlama yönündeki temel Doğa Yasası'dır. Başarısızlıktan asla korkma. Başarısızlık senin arkadaşındır."

İnanmaz bir şekilde "Başarısızlığı kucaklamak mı?" diye sordum.

"Evren cesur olanın yanındadır. Yaşamını en yüksek düzeyine ulaştırmayı bir kez başardığında, ruhunun gücü sana kılavuzluk edecektir. Yogi Raman herkesin kaderinin doğumları sırasında çizildiğine inanırdı. Bu yol muhteşem hazinelerle dolu büyülü bir yere götürür. Bu yolda yürüme cesaretini geliştirmek kişiye kalmıştır. Onun bana anlattığı bir öyküyü seninle paylaşmak isterim. Bir zamanlar Hindistan'da, denize bakan muhteşem bir kalede kötü kalpli bir dev yaşarmış. Dev, savaşlara katılmak için uzun yıllar evinden uzak kaldığından, yakındaki köyün çocukları devin güzel bahçesine girip büyük bir keyifle oyunlar oynarmış. Bir gün, dev evine dönmüş ve küçük çocukların hepsini bahçesinden atmış. Tiksinti ile meşe ağacından yapılmış devasa kapıyı çarparak 'Bir daha buraya gelmeyin!' diye bağırmış. Sonra çocukları uzak tutmak için bahçenin etrafında muazzam bir mermer duvar yaptırmış. Kış Hindistan Yarımadası'nın kuzey kısımlarının aşina olduğu gibi şiddetli soğuklarla gelmiş ve dev sıcak günlerin geri gelmesini dilemiş. İlkbahar devin kalesinin altındaki köye geri gelmiş, ama kışın buzlu pençeleri devin bahçesini terk etmemekte direniyormuş. Sonra bir gün, dev penceresinden ilkbaharın güzel kokularını ve güneşin sıcaklığını duymuş. 'Sonunda bahar geldi' diyerek bahçesine koşmuş. Ama karşısında beliren görüntü için hazırlıksızmış. Köyün çocukları kale duvarına tırmanmayı bir şekilde başarmış, bahçede oyun oynuyorlarmış. Bahçenin karlar altında çorak bir yerden güller, nergisler ve orkideler ile dolu yeşillik bir yere dönüşmesinin nedeni bu çocukların varlığıymış. Biri dışında tüm çocuklar kahkahalar ile gülüyor ve kıkırdıyormuş. Gözünün kenarından baktığında dev diğer tüm çocuklardan daha ufak tefek bu çocuğu fark etmiş. Çocuğun gözlerinden yaşlar akıyormuş, çünkü bahçenin duvarına tırmanma gücünden yoksunmuş. Dev bu çocuk için üzülmüş ve yaşamında ilk kez kötü olmaktan pişmanlık duymuş. 'Bu çocuğa yardım edeceğim' diyerek ona doğru koşmuş. Diğer tüm çocuklar devin onlara doğru koştuğunu görünce can havliyle bahçeden dışarı kaçmışlar. Fakat ufak tefek oğlan yerinde durmuş. Kekeleyerek 'Devi öldüreceğim. Oyun alanımızı savunacağım' demiş. Dev çocuğa yaklaştığında kollarını iki yana açarak 'Ben senin dostunum' demiş. 'Sana duvarın ötesine geçip bahçeye girmene yardım etmek için geldim. Bu, artık senin bahçen olacak.' O anda çocukların kahramanı olan minik oğlan mutlulukla dolmuş ve 'Bu benim uğurlu kolyem. Onu sana vermek istiyorum' diyerek her zaman taktığı altın kolyesini deve vermiş. O günden sonra çocuklar muhteşem bahçesinde devle oynamışlar. Ama devin en çok sevdiği cesur küçük oğlan hiçbir zaman geri gelmemiş.

Zaman geçtikçe dev hastalanmış, güçten düşmüş. Çocuklar bahçede oynamaya devam etmişler, ama devin artık onlara eşlik edecek gücü yokmuş. Bu sakin günlerde devin en fazla düşündüğü o küçük oğlan çocuğuymuş. Bir gün, şiddetli kış ayazının ortasında dev pencereden dışarı bakarken gerçek bir mucize görmüş; bahçesinin büyük kısmı karlarla kaplı olmasına rağmen, bahçenin ortasında büyüleyici renklerde çiçeklerle kaplı muhteşem bir gül bahçesi varmış. Güllerin yanında, tatlı tatlı gülümseyerek devin sevdiği minik oğlan duruyormuş. Dev mutlulukla dans ederek çocuğu kucaklamak için dışarıya koşmuş. 'Bu kadar yıl nerelerdeydin, benim küçük dostum? Seni tüm kalbimle özledim' demiş. Çocuk düşünceli bir şekilde 'Uzun yıllar önce sihirli bahçene girmem için beni duvarın ötesine taşımıştın. Şimdi de ben seni kendi bahçeme götürüyorum' diye yanıtlamış. O günün ilerleyen saatlerinde çocuklar devi ziyaret etmeye geldiklerinde yerde onun cansız bedeniyle karşılaşmışlar. Başından ayak ucuna kadar vücudu binlerce güzel gülle kaplıymış. Her zaman o küçük oğlan çocuğu gibi cesur ol, John. Yerini koru ve hayallerini izle. Onlar seni kaderine götürecektir. Kaderini izle, o seni evrenin harikalarına götürecektir. Evrenin harikalarını izle, çünkü onlar seni güllerle dolu özel bir bahçeye götürecektir."

Öyküden nasıl derin bir biçimde etkilendiğimi söylemek için kafamı kaldırıp Julian'a baktığımda beni şaşırtan bir görüntü ile karşılaştım; yaşamının en iyi dönemlerini zengin ve ünlü kişileri savunarak geçiren bu kaya kadar sert gladyatör avukat ağlıyordu.

Bölüm 9 Uygulamalarının Özeti
Julian'ın Bilgeliğinin Özü

Sembol

Erdem

Kaizen'i Uygulayın

Bilgelik

- Kendini kontrol etmek yaşam ustalığının DNA'sıdır.
- Dışarıda başarı içeride başlar.
- Aydınlanma zihnin, bedenin ve ruhun sürekli geliştirilmesiyle elde edilir.

Teknikler

- 'Korktuğunuz Şeyleri Yapın'
- 'Işık Saçan Yaşamın 10 Kadim Ritüeli'

Alıntı Yapılabilecek Sözler

Evren cesur olanın yanındadır. Yaşamını en yüksek düzeyine ulaştırmayı başardığında, ruhunun gücü sana kılavuzluk edecek ve seni muhteşem hazinelerle dolu büyülü bir yere götürecektir.

Ferrari'sini Satan Bilge

ONUNCU BÖLÜM

Disiplinin Gücü

Bugün kaderimizin efendisi olduğumuza, bize verilen görevin gücümüzü aşmadığına ve onun ıstırap ve zahmetlerinin benim dayanıklılığımın ötesinde olmadığına eminim. Kendi nedenimize inandığımız ve kazanmak için yenilmez bir iradeye sahip olduğumuz sürece zafer bize uzak olmayacaktır.

Winston Churchill

Julian, Yogi Raman'ın mistik öykülerinden benimle paylaştığı bilgeliğin mihenk taşı olarak yararlanmaya devam etti. Bir güç ve potansiyel deposu olarak zihnimin içindeki bahçeyi öğrendim. Deniz feneri simgesi aracılığıyla yaşamda belirli bir amacın olmasının her şeyin üzerine çıkan önemini ve hedef koymanın etkinliğini öğrendim. Üç metre boyunda, üç yüz elli kilo ağırlığındaki Japon sumo güreşçisi örneğiyle, kadim kaizen kavramını ve kendinin efendisi olmanın cömertçe sağladığı yararları öğrendim. En iyinin henüz söylenmediğini bilmiyordum.

"Dostumuz sumo güreşçisinin çıplak olduğunu hatırlarsın."

"Özel bölgelerini örten pembe kordon dışında" dedim muzipçe araya girerek.

"Doğru" diyerek onayladı Julian. "Pembe kordon daha zengin, daha mutlu ve daha aydınlık bir yaşam yaratmada kendini kontrol etme ve disiplinin gücünü hatırlatma işlevi görür. Sivana'daki öğretmenlerim kuşkusuz o zamana kadar karşılaştığım en sağlıklı, mutlu ve huzurlu insanlardı. Ayrıca en disiplinli olanlardı. Bu bilgeler kendini disipline etme erdeminin kordon gibi olduğunu öğrettiler. Daha önce hiç tel kordonu incelemek için vaktin oldu mu John?"

İtirafta bulunur gibi bir tavırla, ama yüzümde bir sırıtışla, "Bu, benim öncelik listemde üst sıralarda değildi" dedim.

"Peki, o zaman bir ara incele. Kordonun birbiri üzerine örülmüş küçük, ince tellerden oluştuğunu göreceksin. Tek başına bunlar zayıf ve dayanıksızdır. Fakat toplamda kendilerini oluşturan kısımlardan çok daha büyüktürler ve kordon demirden daha sert hale gelir. Kendini kontrol etme ve irade gücü buna benzer. Demirden bir iradeye sahip olmak için, kişisel disiplin erdemine ulaşmak için küçük, minicik eylemlerde bulunmak şarttır. Rutin olarak gerçekleştirildiğinde bu küçük eylemler birbirlerine eklenir ve büyük bir iç güç yaratır. Belki de eski bir Afrika atasözü bunu en iyi şekilde ifade ediyor: 'Örümcek ağları bir araya geldiklerinde bir aslanı hapsederler.' İrade gücünü açığa çıkardığında kişisel dünyanın efendisi olursun. Kadim kendini yönetme sanatını sürekli uygulamaya başladığın zaman, üstesinden gelemeyeceğin zorlukta hiçbir engel kalmaz, aşamayacağın güçlükte zorluk olmaz ve söndüremeyeceğin kadar ateşli bir kriz meydana gelmez. İç disiplin, yaşam seni kendi küçük dönemeçlerine savurduğunda yoluna devam etmen için gereken zihinsel kaynaklarını sağlar."

Vereceğim tepkiyi görmek için başını kaldırıp, hızla ama kelimelerin üstüne basa basa; "İrade gücünden yoksunluğun bir akıl hastalığı olduğu konusunda seni uyarmalıyım" diye ekleyiverdi bir anda. "Bu zayıflıktan mustarip olduğunda, bundan hızla kurtulmayı bir öncelik haline getir. Bol miktarda irade gücü ve disiplin güçlü karakterlere ve harika yaşamlara sahip olan kişilerin ana özellikleridir. İrade gücü sana söylediğin şeyi söylediğin zamanda yapma olanağı verir. Meditasyon yoluyla zihnini geliştirmek için sabah beşte kalkmanı ya da ruhunu beslemek için soğuk bir kış gününde sıcak yatağından çıkıp ormanda yürüyüşe çıkmanı sağlayan şey irade gücüdür. Kendini gerçekleştirmemiş bir kişi sana hakaret ettiğinde veya katılmadığın bir davranışta bulunduğunda dilini tutmanı sağlayan şey irade gücüdür. Engeller aşılamayacak gibi göründüğünde hayallerini ileri götüren şey irade gücüdür. Sana başkalarına verdiğin ve belki de daha önemlisi kendine verdiğin sözleri tutma gücünü veren de irade gücüdür."

"Bu hakikaten bu kadar önemli mi?"

"Elbette dostum. Tutku, fırsat ve huzur ile dolu zengin bir yaşam yaratan herkesin zorunlu erdemidir bu."

Daha sonra Julian cüppesine uzandı ve cebinden eski Mısır konulu bir müze sergisinde görebileceğiniz türde bir madalyon çıkardı.

Muzipçe "Sana inanamıyorum!" dedim.

"Sivana Bilgeleri bu hediyeyi bana onlarla geçirdiğim son akşam verdi. Yaşamı dolu dolu yaşayan bir ailenin üyeleri arasında geçirilen coşkulu ve sevgi dolu bir kutlamaydı. Yaşamımdaki en harika ve en hüzünlü gecelerden biriydi. Sivana Nirvana'sından ayrılmak istemiyordum. Orası benim sığınağımdı, bu dünyadaki iyi şeylerin tümünü içeren bir vaha. Bilgeler benim spiritüel erkek ve kız kardeşlerim oldular. Bir parçamı o akşam Himalayalar'da bıraktım" dedi Julian yumuşak bir sesle.

"Madalyonda yazılı sözcükler nedir?"

"Sana okuyacağım. Bu sözcükleri hiçbir zaman unutma John. Onlar zor zamanlarımda bana gerçekten çok yardımcı oldu. Zor zamanlarında sana da yardımcı olmaları için dua edeceğim."

Madalyonda şunlar yazılıydı:

Çelikten disiplin ile, cesaret ve huzurun zenginleştirdiği

bir karakter yaratacaksın. İrade erdemi sayesinde yaşamını en yüksek ideale ulaştıracak, iyi, mutlu ve yaşam dolu cennet gibi bir mekânda yaşama olanağına kavuşacaksın. Onlar olmadan pusulasız bir denizciye benzersin, sonunda gemisi batan bir denizci.

"Kendini kontrol etmenin önemi üzerinde gerçek anlamda hiçbir zaman düşünmedim, ancak daha disiplinli olmayı dilediğim pek çok zaman olmuştu" diye bir itirafta bulundum. "Yeniyetme oğlumun vücut geliştirme merkezinde kol kaslarını güçlendirmesi gibi, disiplin inşa edebileceğimi mi söylüyorsun?"

"Benzetme mükemmel oldu. İrade gücünü oğlunun spor merkezinde vücudunu geliştirdiği gibi geliştirirsin. Şu anda ne kadar güçsüz veya yorgun olursa olsun, herkes görece kısa bir zaman içerisinde disiplinli duruma gelebilir. Mahatma Gandhi iyi bir örnektir. Çoğu insan, bu modern çağ azizini düşündüklerinde kendi nedenini bulmak için haftaları ağzına bir lokma koymadan geçiren ve inançları uğruna muazzam acılara dayanan bir adamı kafalarında canlandırır. Fakat Gandhi'nin yaşamını incelediğin zaman, onun her zaman kendini kontrol etme ustası olmadığını görürsün."

"Bana Gandhi'nin bir çikolata bağımlısı olduğunu mu söyleyeceksin?"

"Pek değil John. Güney Afrika'da genç bir avukatken tutkuyla öfkelendiği zamanlar olurdu; aç kalma ve meditasyon disiplinleri ona sonraki yıllarda kişisel üniforması haline gelen sade peştamalı kadar yabancıydı."

"Eğitim ve hazırlığın doğru oranda karıştırılmasıyla Mahatma Gandhi ile aynı düzeyde irade gücüne sahip olabileceğimi mi söylüyorsun?"

"Herkes farklıdır. Yogi Raman'ın bana öğrettiği temel ilkelerden biri gerçek anlamda aydınlanmış kişilerin hiçbir zaman başkalarına öykünmediğiydi. Bunun yerine onlar kendilerinin önceki halini aşmaya çalışıyorlardı. Başkalarıyla yarışma. Kendinle yarış" diye yanıt verdi Julian.

Madalyonuna bakarak konuşmasına devam etti. "Kendini kontrol etme becerin olduğu zaman, her zaman istediğin şeyleri yapma kararlılığına sahip olursun. Senin için bu, maratona hazırlanma veya çalkantılı sularda rafting yapma sanatında ustalaşma ve hatta sanatçı olmak için avukatlığı bırakma kararı olabilir. Hayal ettiğin şey ne ise, bu ister maddi zenginlikler isterse de manevi zenginlikler olsun, seni yargılayamam. Sadece sana içinde uyuyan irade gücü kaynaklarını geliştirdiğinde tüm bunlara erişebileceğini söyleyebilirim."

Ardından hemen ekledi: "Yaşamına kendini kontrol etme becerisi ve disiplin katman muazzam bir özgürlük duygusu da verecektir. Sadece bu bile her şeyi değiştirmeye yetecektir."

"Ne demek istiyorsun?"

"Çoğu insan özgürdür. İstedikleri yere gidebilir ve canları ne isterse onu yapabilir. Ama çok fazla insan aynı zamanda kendi içgüdülerinin kölesidir. Öncü olmak yerine tepkisel davranırlar. Kayalık bir kıyıya çarpan denizdeki köpükler gibidirler; akıntılar onları nereye götürürse oraya giderler. Zamanlarını aileleri ile geçirirken işyerinden biri arayıp kriz durumunu haber verdiğinde, hangi eylemin kendi esenlikleri ve yaşamlarının amacı için daha önemli olduğunu bir an bile düşünmeden fırlayarak oradan çıkarlar. Kendi yaşantımda gözlediğim gibi, hem burada Batı'da hem de Doğu'da bu tip insanların özgür olduklarını, ama bağımsız olmadıklarını söyleyebilirim. Aydınlanmış, anlamlı bir yaşam için gerekli olan ana etmenden yoksundurlar; ağaçların ötesindeki ormanı görmek, acil olan şeyler arasından doğruyu seçme özgürlüğü."

Julian'a katılmaktan başka çarem yoktu. Elbette yakınmak için haklı nedenlerim vardı. Harika bir ailem, sıcak bir evim ve koşuşturmacalı bir işim vardı. Ama gerçek anlamda bağımsızlığa ulaştığımı söyleyemezdim. Çağrı cihazım sağ kolumun bir uzantısı gibiydi. Her zaman koşuşturma halindeydim. Jenny ile derin bir iletişim kurmak için hiç zamanım olmamıştı ve yakın bir gelecekte kendime huzurlu bir zaman ayırmak Boston Maratonu'nu kazanmak gibi bir şeydi. Bunun üzerinde düşündükçe, daha gençken bile gerçeğin özünü, sınırsız özgürlüğü hiçbir zaman tatmadığımın ayrımına varıyordum. Sanırım zayıf içgüdülerimin kölesiydim. Her zaman bana söyleneni yapıyordum.

"İrade gücümü geliştirmek bana daha fazla bağımsızlık mı kazandıracak?"

"Bağımsızlık bir eve benzer; onu tek tek tuğlalardan inşa edersin. Koyduğun ilk tuğla irade gücündür. Bu özellik herhangi bir anda sana doğru şeyi yapma ilhamı verir. Cesaretle davranma enerjisi verir. Sürmekte olduğun yaşam biçimini kabul etmekten çok, hayal ettiğin yaşamı sürme kontrolünü sağlar."

Julian disiplin geliştirmenin sağlayacağı pek çok başka pratik yarar sıralamaya devam etti. "İster inan, ister inanma, irade gücünü geliştirmen kaygı duyma alışkanlığını ortadan kaldıracak, seni sağlıklı kılacak ve sahip olduğundan çok daha fazla enerjiyi sana verecek. Gördüğün gibi John, kendini kontrol etmek zihin kontrolünden başka bir şey değil. İrade zihinsel güçlerin kralıdır. Zihninin efendisi olduğunda yaşamının efendisi olursun. Zihninin efendisi olmak düşündüğün her şeyi kontrol edebilme becerisi ile başlar. Tüm zayıf düşünceleri bir kenara atıp sadece olumlu ve iyi olan düşüncelere odaklanma becerisini geliştirdiğinde pozitif ve iyi eylemler onların ardından gelecektir. Kısa süre sonra olumlu ve iyi olan tüm şeyler yaşamına girer."

Sonra örneklendirmeye geçi. "Diyelim ki kişisel gelişim hedeflerinden biri sabah 6'da kalkmak ve evinin arkasındaki parkta koşmak olsun. O anda kış olduğunu ve alarmının seni derin, dinlendirici uykundan kaldırdığını varsayalım. İlk tepkin alarmı kapatmak ve uykuna geri dönmek olacaktır. Belki de egzersiz yapma kararını ertesi gün gerçekleştireceksindir. Bu davranış tarzı yaşama biçimini değiştirmek için çok yaşlı olduğuna ve fiziksel dinçlik hedefinin gerçeklerden uzak olduğuna karar verinceye kadar birkaç gün devam eder."

"Beni çok iyi tanıyorsun" dedim samimi bir ifadeyle.

"Şimdi, alternatif bir senaryoyu düşünelim. Hâlâ kışın devam ettiğini varsayalım. Alarm çalar ve sen yataktan çıkmamayı düşünmeye başlarsın. Fakat alışkanlıklarının kurbanı olmak yerine, daha güçlü düşüncelerle onlara meydan okursun. Fiziksel olarak zirvede olduğun zaman nasıl görüneceğini, nasıl hissedeceğini ve davranacağını zihninde canlandırmaya başlarsın. Ofiste dolaşırken meslektaşlarının esnek ve dinç vücuduna bakıp sana komplimanlarda bulunduğunu duyarsın. Düzenli bir egzersiz programının sana sağlayacağı artmış enerji ile başarabileceklerine odaklanırsın. Mahkemedeki uzun bir günün ardından başka bir şey yapamayacak kadar yorgun olduğun için gecelerini televizyon karşısında geçirmeye son. Günlerin canlılık, anlam ve heves ile dolacak."

"Fakat diyelim ki bunu yaptım ve hâlâ dışarı çıkıp koşmak yerine uykuma dönmek istiyorum?"

"Başlangıçta, ilk birkaç gün zor olacak ve eski alışkanlıklarına geri dönmek isteyeceksin. Ama Yogi Raman şu ebedi prensibe kuvvetle inanıyordu; olumlu her zaman olumsuzu alt eder. Yıllar içinde zihin kalene sinsice girip yerleşmiş zayıf düşüncelere karşı savaşa devam edersen, sonunda istenmediklerini anlayacak ve varlıkları hoş karşılanmayan konuklar gibi kaleni terk edeceklerdir."

"Düşüncelerin fiziksel şeyler olduklarını mı söylüyorsun?"

"Evet ve onlar tamamen senin kontrolünde. Zihninden pozitif düşünceler geçirmek negatif düşünceler geçirmek kadar kolaydır."

"Peki o zaman neden birçok insan endişeye kapılıp dünyamızdaki negatif bilgilere odaklanıyor?"

"Çünkü onlar kendini kontrol etme ve disiplinli düşünme sanatını öğrenmemişlerdir. Konuştuğum pek çok insan her gün, her dakika ve her saniye akıllarından geçen her düşünceyi kontrol etme gücüne sahip oldukları konusunda hiçbir fikre sahip değildir. Onlar düşüncelerin kendiliklerinden gerçekleştiğini zanneder ve düşünceleri kontrol etmek için zaman ayrılmadığında onların kendilerini kontrol edeceğini hiçbir zaman anlayamazlar. Sadece iyi düşüncelere odaklandığın ve irade gücü ile kötü düşünceleri aklından geçirmeyi reddettiğin zaman, sana söz veriyorum ki bunlar çok hızlı bir şekilde çürüyecekler."

"Yani, daha erken kalkma, daha az yeme, daha az endişelenme, daha sabırlı davranma veya daha sevecen olma gücüne sahip olmak istersem tüm yapacağım düşüncelerimi arındırmak için irademi kullanmak mı?"

"Düşüncelerini kontrol ettiğinde zihnini kontrol edebilirsin. Zihnini kontrol ettiğinde yaşamını kontrol edersin. Tüm yaşamını kontrol etme aşamasına ulaştığında da kaderinin efendisi olursun."

Benim bunu duymaya ihtiyacım vardı. Bu tuhaf fakat bir o kadar da ilham verici gece boyunca, sıkı bir avukatken yogi olan birini dikkatle inceleyen kuşkucu bir avukattan gözleri uzun yıllardan sonra ilk kez açılan inançlı birine dönüştüm. Jenny'nin de bunları duymasını çok isterdim. Aslında çocuklarımın da bu bilgelikten esinlenmelerini isterdim. Bunun onları da benim kadar etkileyeceğinden emindim. Her zaman daha iyi bir aile babası olmayı ve daha dolu dolu yaşamayı planlamıştım, oysa şimdi çok acil görünen tüm küçük yaşam ateşlerini söndürmekle çok fazla meşgul olduğumu fark ediyordum. Belki bu bir zayıflık, kendini kontrol edememe durumuydu. Ağaçlardan ormanı görememekti. Yaşam çok hızlı geçiyordu. Enerji ve hevesle dolu genç bir hukuk öğrencisi olduğum zamanlar sanki dün gibiydi. O zamanlar lider bir politikacı ve hatta yüksek mahkeme yargıcı olmayı hayal ediyordum. Ama zaman geçtikçe yaşamım rutinleşti. Kendini beğenmiş bir avukatken bile, Julian bana

"Kendinden memnun olmanın insanı öldürdüğünü" söylerdi. Bunun üzerinde ne kadar çok düşünürsem, açlığımı o kadar kaybettiğimi fark ediyordum. Bu, daha büyük bir ev ya da daha hızlı bir otomobile duyulan açlık değildi. Bu, daha derinlerdeki bir açlıktı; daha anlamlı, daha eğlenceli ve daha doyurucu bir yaşam sürmeye duyulan açlıktı.

Julian konuşmaya devam ederken hayal kurmaya başladım. Söylediklerinden habersiz bir şekilde, kendimi on beş yaşında bir çocuk ve sonra da altmış yaşında bir adam olarak hayal ettim. Yaşamımın o noktasında hâlâ aynı insanlarla, aynı işyerinde, aynı mücadeleleri mi veriyor olacaktım? Bundan dehşete düştüm. Her zaman bir şekilde dünyaya katkıda bulunmak istemiştim ve şu durumumda bunu gerçekleştirdiğimden emin değildim. Sanırım, nemli Temmuz gecesinde oturma odamda Julian'la yan yana yerde otururken, tam o anda değiştiğimi hissettim. Japonlar buna satori yani anlık uyanış adını veriyordu ve bu, tam olarak benim yaşadığım şeydi. Hayallerimi gerçekleştirmeye ve yaşamımı o zamana kadar olduğundan çok daha ilerilere götürmeye karar verdim. Bu benim gerçek özgürlüğü tattığım ilk andı; yaşamın ve onun tüm unsurlarının sorumluluğunu bir kez ve sonsuza kadar alma kararını verdiğiniz zaman duyulan özgürlük.

"İrade gücü geliştirmek için sana bir formül vereceğim" dedi Julian, biraz önce geçirdiğim dönüşüm hakkında hiçbir bilgisi olmaksızın. "Uygulamaya geçirmek için doğru araçlardan yoksun bilgelik bilgelik değildir."

Sonra devam etti. "Her gün, işyerine yürürken birkaç basit kelimeyi tekrarlamanı istiyorum."

"Bu bana daha önce söz ettiğin mantra'lardan biri mi?" diye sordum.

"Evet öyle. Bu, sadece küçük bir grup Sivana Bilgesinin bildiği, beş bin yıldır varlığını sürdüren bir şey. Yogi Raman, tekrarlama yoluyla kendimi kontrol etme gücünü ve boyun eğmez iradeyi çok kısa bir sürede kazanacağımı söylemişti bana. Unutma, sözcüklerin etkileri çok büyüktür. Sözcükler gücün sözlü ifadeleridir. Zihnini umut sözcükleri ile doldurduğunda umut dolu olursun. Zihnini nezaket sözcükleri ile doldurursan, nazik olursun. Zihnini cesaret sözcükleri ile doldurursan, cesur olursun. Kelimeler güçlüdür" dedi Julian.

"Devam et, can kulağıyla dinliyorum."

"Günde en az otuz kez tekrarlamanı istediğim mantra şu; 'Ben göründüğümden daha fazlasıyım, dünyanın tüm gücü ve kuvveti benim içimdedir'. Bu, senin yaşamında derin değişiklikler yaratacaktır. Daha da hızlı sonuçlar elde etmek için, bu mantra'yı sana daha önce sözünü ettiğim yaratıcı canlandırma uygulamasıyla birleştir. Örneğin sessiz bir yere git. Orada gözlerin kapalı otur. Zihninin aylaklık etmesine izin verme. Vücudunu hareketsiz tut, çünkü zayıf bir zihnin en kesin göstergesi durmak bilmeyen bedendir. Böylece mantra'yı defalarca tekrar et. Bunu yaparken kendini disiplinli, zihnini, bedenini ve ruhunu tamamen kontrol altında tutabilen sağlam bir insan olarak hayal et. Kendini Gandhi veya Rahibe Teresa'nın zorlu bir durumda davrandığı biçimde davranıyorken hayal et. Şaşırtıcı sonuçlar elde etmen kesindir."

"Bu kadar mı?" diye sordum, bu formülün basitliği karşısında şaşkınlığa düşerek. "Bu basit egzersiz yoluyla mı irade gücümün tüm kaynaklarını kullanabileceğim?"

"Bu teknik Doğu'da yüzyıllar boyunca spiritüel öğretmenler tarafından öğretilmiştir. Bugün yine gündeme gelmesinin tek bir nedeni var; işe yarıyor. Her zaman olduğu gibi, sonuçlara bakarak yargıla. İlgini çektiyse, irade gücünü açığa çıkaracak ve iç disiplinini artıracak birkaç egzersiz daha önerebilirim. Fakat seni uyarmalıyım, bunlar ilk başta biraz tuhaf görünebilir."

"Hey, Julian. Bana anlattıklarından kesinlikle büyülendim. İyi gidiyorsun, şimdi konuyu kapatma."

"Tamam. Birinci egzersiz, yapmaktan hoşlanmadığın

şeyleri yapmaya başlamaktır. Senin için bu, sabah yatağını yapmak veya işyerine arabanla değil yürüyerek gitmek kadar basit olabilir. İradeni kullanma alışkanlığını kazandığında, zayıf içgüdülerinin kurbanı olmaktan kurtulacaksın."

"Ya kullan ya da kaybet?"

"Kesinlikle. İrade gücü ve iç kuvvet elde etmek için ilk önce onu kullanman gerekir. İç disiplin tohumunu ne kadar canlı tutup beslersen, o kadar çabuk olgunlaşır ve sana istediğin sonuçları verir. İkinci egzersiz Yogi Raman'ın favorisidir. Doğrudan kendisine yöneltilen bir soru dışında tüm günü konuşmadan geçirirdi."

"Sessizlik yemini gibi bir şey mi?"

"Esasen tam da o John. Bu pratiğin yaygınlaşmasını sağlayan Tibet rahipleri, bir kişinin dilini uzun süre tutmasının o kişinin disiplinini artırıcı etkiye sahip olduğuna inanıyordu."

"Ama nasıl?"

"Temelde, bütün bir gün sessiz kalarak iradeni emrettiğin şekilde davranmaya şartlamış olursun. Ne zaman içinden konuşma isteği gelse, onu aktif bir şekilde bu dürtü ile engellersin ve sessiz kalırsın. Gördüğün gibi, iraden kendi aklına sahip değildir. Senin ona talimatlar vermeni ve onu eyleme dönüştürmeni bekler. Onun üzerinde ne kadar fazla kontrolün olursa, daha güçlü hale gelir. Problem, çoğu insanın bu irade gücünü kullanmamasıdır."

"Neden?" diye sordum.

"Büyük bir olasılıkla, insanların çoğunun irade gücüne sahip olmadıklarını düşünmesinden. Açık zayıflıkları için kendileri dışında herkesi ve her şeyi suçlarlar. Zararlı bir öfkeye sahip olan kişiler, 'Elimde değil; babam da benim gibiydi' derler. Çok fazla endişeye kapılan insanlarsa, 'Benim hatam değil; işim çok stresli'. Çok fazla uyuyan insanlar, 'Ne yapabilirim? Günde on saat uyumaya ihtiyacım var'. bahanesine sığınırlar. Bu tip insanlar hepimizin derinlerinde yatan ve eyleme geçmek için esin bekleyen olağanüstü potansiyelin farkında olmakla kazanılan kendinden sorumlu olma kavramından yoksundurlar. Bu evrenin ve onun içinde yaşayan tüm varlıkların işleyişini yöneten kadim doğa yasalarını öğrenmeye başladığında, olabileceğin şeylerin senin doğumunda kazandığın haklar olduğunu da öğrenirsin. Çevrendekinden daha fazlası olma gücüne sahipsin. Benzer şekilde, geçmişinin tutsağı olmaktan daha fazlasını olma kapasiten vardır. Bunu yapmak için iradenin efendisi olman gerekir."

"Kulağa güç geliyor."

"Aslında çok pratik bir kavram. Şu anda sahip olduğun irade gücünü iki üç katına çıkardığın zaman neler olabileceğini hayal et. Başlamayı hayal ettiğin egzersizlere başlayabilirsin, zamanını çok daha verimli bir şekilde kullanabilirsin, kaygı duyma alışkanlığını bir kez ve sonsuz kadar ortadan kaldırabilirsin veya ideal bir eş olabilirsin. İradeni kullanman kaybettiğini söylediğin yaşam enerjisini ve arzusunu yeniden ateşleyecektir. Bu, üzerine odaklanılması gereken çok önemli bir konu."

"Sonuçta, ana fikir irade gücümü düzenli olarak kullanmaya başlamam, öyle mi?"

"Evet. En az dayanıklılık gerektiren yolda yürümek yerine yapman gerektiğini bildiğin şeyleri yapmaya karar ver. Bir roketin göklere çıkabilmek için yerçekimi kuvvetini aşabilmesi gibi, kötü alışkanlıklarının ve zayıf içgüdülerinin çekim kuvvetiyle savaşmaya başla. Kendi sınırlarını zorla. Sadece haftalar içinde olabilecekleri seyret."

"Mantra bana yardım edecek mi?"

"Evet. Sana verdiğim mantra'yı tekrarlaman ve kendini hayalini kurduğun kişi olarak canlandırma pratiğini her gün uygulaman, seni hayallerine ulaştıran disiplinli, ilkeli yaşamı kurmanda sana muazzam bir destek sağlayacaktır. Kaldı ki dünyanı bir günde değiştirmen gerekmez. Küçük adımlarla başla. Binlerce millik bir yolculuk ilk adımı atmakla başlar. Kademe kademe gelişiriz. Hatta bir saat daha erken kalkman ve bu harika alışkanlığı sürdürmen kendine güvenini artıracak ve sana daha yüksek yerlere ulaşma ilhamı verecektir."

"Bağlantıyı anlayamadım" diye bir itiraf ettim.

"Küçük zaferler büyük zaferleri doğurur. Büyük şeylere ulaşmak için küçük şeyleri inşa etmelisin. Her gün daha erken kalkmak gibi basit bir karara bağlı kalmayı sürdürerek başarının getirdiği keyfi ve tatmini hissedeceksin. Bir hedef koymuş ve onu gerçekleştirmiş olacaksın. Bu insana kendisini iyi hissettirir. Marifet, çıtayı hep daha yükseğe koymak ve standartlarını sürekli olarak yükseltmektir. Bu, sonsuz potansiyelini keşfetmeye devam etmen için seni motive edecek sihirli özellikte bir dürtü ortaya çıkaracaktır. Kayak yapmayı sever misin?"

"Kayak yapmaya bayılırım" diye yanıtladım. "Jenny ve ben, onun yılgınlığa kapılması nedeniyle çok sık gidemesek de çocukları alıp dağlara çıkarız."

"Tamam. Kayak pistinin en tepesinden kendini bıraktığın zaman ne hissettiğini bir düşün. En başta yavaş yavaş kayarsın. Ama sonra birkaç dakika içinde tepeden sanki yarın yokmuş gibi hızla inersin. Doğru mu?"

"Bana Ninja Kayakçı de. Hızdan büyük zevk alıyorum."

"Seni bu kadar hızlı kaymaya iten ne?"

"Benim aerodinamik yapım mı?" diye sordum muzipçe.

"İyi deneme" dedi Julian gülerek. "Benim aradığım cevap dürtüydü. Dürtü, iç disiplin geliştirmenin de gizli unsurudur. Daha önce söylediğim gibi, küçük şeylerle başlarsın. Bu, daha erken kalkmak, her gece birkaç apartman öteye yürümeye başlamak ve yeterince izlediğini fark ettiğin zaman televizyonu kapatmak için kendini eğitmek olabilir. Bu küçük zaferler seni en yüksek benliğine götüren yolda sana daha büyük adımlar atma cesareti veren itici gücü yaratır. Kısa süre sonra daha önce hiç sahip olmadığını düşündüğün bir enerji ve şevkle yapabileceğini asla düşünmediğin şeyleri yapar duruma gelirsin. Bu çok keyifli bir süreç

John, gerçekten öyle. Yogi Raman'ın sihirli öyküsündeki pembe kordon sana her zaman irade gücünü hatırlatacaktır."

Julian disiplin konusundaki düşüncelerini anlatmayı bitirdiği anda, oturma odasına günün ilk ışıklarının dolduğunu ve bir çocuğun üzerindeki örtüyü atması gibi karanlığı bir kenara attığını fark ettim. Harika bir gün olacak, diye düşündüm. Geri kalan yaşamımın ilk günü.

Bölüm 10 Uygulamalarının Özeti
Julian'ın Bilgeliğinin Özü

Sembol

Erdem

Disiplinli Yaşa

Bilgelik

- Disiplin sürekli küçük cesurca davranışlarla inşa edilir.
- Kişisel disiplin tohumunu ne kadar beslersen o kadar olgunlaşır.
- Düşlerin tamamıyla gerçekleştirildiği bir yaşam için irade gücü şarttır.

Teknikler

- '*Mantra'lar*/Yaratıcı Düşünce'
- 'Sessizlik Yemini'

Alıntı Yapılabilecek Sözler

Zihin kalene sinsice girip yerleşmiş zayıf düşüncelere karşı savaş. Sonunda onlar istenmediklerini anlayacak ve varlıkları hoş karşılanmayan konuklar gibi kaleyi terk edecektir.

Ferrari'sini Satan Bilge

ONBİRİNCİ BÖLÜM

En Değerli Varlığınız

İyi düzenlenmiş zaman iyi düzenlenmiş bir zihnin en kesin işaretidir.

Sir Isaac Pitman

"Yaşamda komik olan ne, biliyor musun?"

"Söyle."

"Çoğu kimse gerçekten neyi istediğini ve bunu nasıl elde edeceğini anladığında artık çok geç olmuştur. 'Gençler bilebilse, yaşlılar yapabilse' deyişi o kadar doğru ki."

"Yogi Raman'ın öyküsündeki kronometre bu anlama mı geliyor?"

"Evet. Üç metre boyunda, üç yüz elli kilo ağırlığında ve hususi bölgeleri pembe bir kordonla örtülü, çıplak sumo güreşçisi birinin o güzel bahçede bıraktığı parlak altın kronometreye basıp düşer" diye hatırlattı Julian."

"Nasıl unutabilirim" diye yanıtladım gülerek.

Artık Yogi Raman'ın mistik öyküsünün, Julian'a aydınlanmış yaşamın kadim felsefesinin ilkelerini öğretmek ve aynı zamanda bunları unutmamasını sağlamak için tasarlanmış bir dizi hatırlatıcı simgeden ibaret olduğunu anlamıştım. Keşfimi onunla paylaştım.

"Ah! Bir avukatın altıncı hissi. Çok haklısın. Akıllı öğretmenimin yöntemi ilkin tuhaf görünmüştü ve tıpkı seninle ilk paylaştığımda neden söz ettiğimi merak ettiğin gibi ben de öykünün anlamını kavramakta güçlük çekmiştim. Ancak John, öykünün yedi bileşeni de bahçe ve çıplak sumo güreşçisinden sarı güller ve birazdan değineceğim elmas kaplı yola kadar, Sivana'da öğrendiğim bilgeliğe dair güçlü hatırlatma araçları olma işlevini görüyorlar. Bahçe, ilham verici düşüncelere odaklanmamı sağlıyor. Fener kulesi yaşamın amacının, amacı olan bir yaşam olduğunu hatırlatıyor. Sumo güreşçisi sürekli kendini keşfetme merkezinde kalmamı sağlarken, pembe kordon irade gücünün mucizeleriyle bağlantı kuruyor. Öykünün ilkelerini ve Yogi Raman'ın bana öğrettiklerini düşünmediğim bir gün geçmiyor."

"Peki parlak altın kronometre tam olarak neyi temsil ediyor?"

"Bu senin en değerli varlığının simgesidir; zamanın."

"Olumlu düşünme, amacına ulaşma ve kendini kontrol etme ustalığı ile bağlantısı nedir?"

"Bunlar zaman olmaksızın hiçbir şey ifade etmezler. Geçici yuvam olan Sivana'daki güzel ormanda inziva ile geçirdiğim yaklaşık altı aydan sonra güllerden yapılma kulübemde çalışırken bilgelerden biri yanıma geldi. Adı Divea idi. Omuzlarına dökülen simsiyah saçlarıyla çarpıcı güzellikle bir kadın olan Divea bana yumuşacık ve tatlı sesiyle kendisinin dağdaki bu gizli köyde yaşayan tüm bilgelerin en genci olduğu bilgisini verdi. Ayrıca yetiştirdiği en iyi öğrenci olduğumu söyleyen Yogi Raman'ın talimatıyla yanıma geldiğini anlattı."

Julian sanki tekrar yaşıyormuş gibi anlatıyordu. "Divea 'Bilgeliğimizi böyle açık kalplilikle kucaklamanı sağlayan belki de önceki yaşamında çektiğin acılardır' demiş. 'Topluluğumuzun en genç üyesi olarak sana bir armağan vermem istendi. Bunu, yöntemlerimizi öğrenmek için böyle uzaklara yolculuk yapmış olan sana saygımızın belirtisi olarak sunuyoruz. Geleneklerimizi asla yargılamadın ve eleştirmedin.

Bu nedenle birkaç hafta sonra aramızdan ayrılmaya karar vermişsen de seni bizlerden biri olarak kabul ediyoruz. Hiçbir yabancıya az sonra sana vereceğim armağanı vermedik.'"

"Armağan neydi?" diye sordum sabırsızlıkla.

"Divea çantasından elde dokunmuş pamuklu kumaştan bir torba çıkardı ve bana verdi. İçinde, hoş kokulu bir çeşit kâğıtla paketlenmiş milyon yıl geçse orada görmeyi aklıma getirmeyeceğim bir şey vardı. Bu üfleme cam vc sandal ağacından yapılmış bir minyatür bir kum saatiydi. Etkilendiğimi gören Dieva, her bilgenin çocukluğunda böyle bir saati olduğunu anlattı çabucak. 'Hiçbir malvarlığımız olmamasına ve yalın, basit bir yaşam sürmemize karşın zamana saygı duyarız ve onun geçmekte olduğunu biliriz. Bu küçük kum saatleri bize ölümlülüğümüzü ve hedefimize ilerlerken günlerimizi dolu dolu, verimli yaşamanın önemini hatırlatır' dedi."

"Himalayalar'ın en yüksek tepelerinde yaşayan bu bilgeler zamanı mı takip ediyormuş?"

"Onların her biri zamanın önemini anlamıştır. Her biri 'zaman bilinci' olarak adlandıracağım kavramı geliştirmiştir. Anlıyorsundur, ellerimizden kum taneleri gibi akıp giden zaman asla geri gelmeyecek. Zamanı erken yaşlardan itibaren akıllıca kullananlar zengin, üretken ve tatmin edici bir yaşamla ödüllendirilir. 'Zamanı kontrol etmek yaşamı kontrol etmektir' ilkesiyle hiç karşılaşmamış olanlar muazzam insani potansiyellerini asla kavrayamazlar. Zaman büyük bir eşitleyicidir. Avantajlı veya dezavantajlı durumda olsak da, Texas'ta ya da Tokyo'da yaşasak da hepimize yalnızca yirmi dört saatlik günler verilmiştir. İstisnai yaşamlar kuranları 'kaybedenlerden' ayıran zamanı kullanma şekilleridir."

"Bir keresinde babamın 'harcayacak zamanı olanlar en meşgul insanlardır' dediğini duymuştum. Buna ne dersin?"

"Katılıyorum. Üretici insanlar zamanlarını çok verimli kullanırlar; hayatta kalmak için böyle yapmaları gerekir. Zamanı mükemmel kullanmak işkolik biri durumuna gelmeni gerektirmez. Tersine zamanı kullanma ustalığı sana, yapmayı sevdiğin, gerçekten anlamlı gelen şeyler için daha fazla zaman sağlar. Zamanı kullanma ustalığı seni yaşamı kullanma ustalığına götürür. Zamanını iyi koru. Bunun geri dönüşsüz bir kaynak olduğunu unutma."

Julian bir örnekle devam etti. "Diyelim ki, bir Pazar sabahı ve takvimin randevular, toplantılar ve duruşmalarla dolup taşmış durumda. Her zamanki gibi 6.30'da kalkıp bir fincan kahve yuvarlayarak işe koşmak ve gününü stres içinde sağa sola yetişmeye çalışarak geçirmek yerine, bir önceki akşam ertesi gününü planlamak için diyelim ki on beş dakika ayırabilirsin. Daha da verimli olabilmek için sessiz Pazar sabahında tüm haftanı organize etmek için bir saat ayırabilirsin. Günlük plan defterine müvekkillerinle ne zaman buluşacağını, hukuki araştırmanı ne zaman yapacağını ve not bırakanları ne zaman geri arayacağını kaydetmelisin. En önemlisi bir sonraki haftaya ilişkin kişisel, sosyal ve spiritüel gelişim hedeflerin de ajandana girmeli. Bu basit hareket dengeli bir yaşamın sırrıdır. Yaşamındaki tüm önemli uğraşları günlük takvimine yerleştirmekle, sonraki haftanın ve bütün yaşamının anlamlı ve huzurlu olmasını garantilersin."

"Eminim yoğun işgünümün ortasında parkta bir gezinti veya meditasyon yapmamı önermiyorsundur değil mi?"

"Elbette öneriyorum. Klasik şeylere neden böyle katı biçimde bağlısın? Neden bir şeyleri herkesin izlediği yolla yapman gerektiğini düşünüyorsun? Kendi yarışını sürdürmelisin. Neden çalışmaya bir saat erken başlayarak ofisinin önündeki güzel parkta huzurlu bir sabah yürüyüşü yapamayasın? Neden hafta başında birkaç saat fazla mesai yaparak Cuma günü erken çıkmayı ve çocuklarını hayvanat bahçesine götürmeyi düşünmeyesin? Hatta neden haftada iki gün evde çalışarak aileni daha çok görmeyesin? Tüm söylemek istediğim haftanı planlaman ve zamanını yaratıcı biçimde kullanman gerektiği. Zamanını önceliklerine odaklama disiplinini kazan. Yaşamındaki en anlamlı şeyler asla en az anlamlı olanlara feda edilmemeli. Planın başarısız olmasının başarısızlığı planlamaktan kaynaklandığını unutma. Yalnızca başkalarına ayırdığın zamanları değil okumak, dinlenmek, veya eşine bir aşk mektubu yazmak için kendine ayıracağın zamanları da kaydedersen gününü çok daha üretken biçimde geçirebilirsin. Çalışma dışı saatlerini zenginleştirmek için harcanan zamanın bir kayıp olmadığını asla unutma. Bu seni çalışma saatlerinde son derece verimli kılar. Hayatını parça parça yaşamayı bırakmalı ve tüm yaptıklarının görünmez bir bütün oluşturduğunu bir an önce anlamalısın. Evdeki davranış biçimin iştekini etkiler. Ofiste insanlara davranış biçimin ailen ve arkadaşlarına karşı davranışlarını etkiler."

"Katılıyorum Julian, ancak gerçekten gün ortasında mola verecek zamanım yok. Öyle ki çoğu akşam da çalışıyorum. Bugünlerde takvimim gerçekten dolup taştı." Bunları söylerken dağ gibi yığılmış işleri hatırlayarak midemde bir ağrı hissettim.

"Meşgul olmak mazeret değil. Asıl soru neyle bu kadar meşgul olduğun? Bu akıllı yaşlı bilgelerden öğrendiğim önemli kurallardan biri de yaşamında elde ettiğin sonuçlardan yüzde sekseninin, zamanının sadece yüzde yirmisini alan etkinliklerle sağlandığıdır. Yogi Raman bunu 'Yirminin Kadim Kuralı' olarak adlandırırdı."

"Seni takip edebildiğimden emin değilim."

"Tamam. Şu meşgul Pazar gününe dönelim. Sabahtan akşama dek zamanını telefonda müvekkillerle konuşmak ve hukuki savunma taslakları hazırlamaktan en küçük çocuğuna masal okumak veya eşinle satranç oynamaya kadar her şeyle geçirebilirsin. Değil mi?"

"Evet."

"Fakat zamanını harcadığın yüzlerce etkinliğin yalnızca yüzde yirmisi gerçek, kalıcı sonuçlar verir. Yaptıklarının yalnızca yüzde yirmisi yaşam kaliten üzerinde bir etki yaratacaktır. Bunlar 'yüksek etkili' etkinliklerdir. Örneğin bugünden itibaren on yıl içinde, buzdolabının başında dedikodu yaparak veya sigara dumanı içinde yemek odasında tıkınarak ya da televizyon başında pinekleyerek harcadığın tüm zamanın bir işe yarayacağını düşünüyor musun?"

"Hayır, düşünmüyorum aslında."

"Doğru. O halde sadece bir kısım etkinliklerin her şeyin kaynağı olduğu konusunda da benimle hemfikirsindir."

"Yani hukuk bilgilerimi geliştirmek, müvekkillerle ilişkilerimi artırmak ve daha verimli bir avukat olmak için harcadığım zaman gibi mi?"

"Evet ve Jenny ve çocuklarla ilişkilerini beslemek için harcadığın zaman. Doğayla bağlantı kurmak ve sahip olma şansına eriştiğin bunca şeye şükretmek için ayırdığın zaman. Zihnini, vücudunu ve ruhunu tazelemek için harcadığın zaman. Bunlar hak ettiğin yaşamı oluşturmana olanak sağlayacak yüksek etkili etkinliklerden yalnızca birkaçı. Tüm zamanını bu etkili etkinliklere yönlendir. Aydınlanmış insanlar önceliklerine göre hareket ederler. Zamanı kontrol etme ustalığının sırrı budur."

"Vay! Tüm bunları Yogi Raman mı öğretti?

"Yaşam öğrencisine dönüştüm John. Yogi Raman elbette olağanüstü ve ilham verici bir öğretmendi ve bu yüzden onu hiç unutmayacağım. Ancak çeşitli deneyimlerimden çıkardığım dersler şimdi bana daha iyi bir yaşamın yolunu gösteren büyük bir yap-bozun parçaları gibi bir araya geliyor."

Julian bir an durup ekledi: "Umarım benim önceki hatalarımdan ders alırsın. Bazı insanlar başkalarının hatalarından da bir şeyler öğrenirler. Onlar akıllı kişilerdir. Birçoklarıysa gerçek derslerin yalnızca kişisel deneyimlerden elde edileceğine inanır. Böyleleri kendi yaşamlarının seyri içinde gereksiz acı ve ıstırap çekerler."

Bir avukat olarak zaman yönetimi hakkında pek çok seminer izlemiştim. Ancak şimdi Julian'ın benimle paylaştığı zamanı kontrol etme ustalığının felsefesini hiç duymamıştım. Zaman yönetimi yalnızca ofiste dikkate alınıp çalışma saati bitiminde unutulacak bir şey değildi. Bu, doğru uygularsam yaşamımın tüm alanlarını daha dengeli ve doyurucu duruma getirecek bütünsel bir sistemdi. Günlerimi planlamamı ve zamanımı dengeli kullanmamı sağlayacak önlemleri alarak yalnızca çok daha üretken değil, çok daha mutlu da olacaktım.

"O halde yaşam kalın bir dilim bifteğe benziyor" diye sözünü kestim. "Önce eti yağından ayırmalısın, zamanı kontrol etme ustalığındaki gibi."

"Çok güzel. Tam üzerine bastın. Vejetaryen yanım aksini söylese de bu benzetmeyi sevdim, çünkü konumuza tam oturuyor. Zamanın ve değerli zihinsel enerjini ete odaklarsan yağ için zaman harcamazsın. Yaşamın sıradanlıktan uzaklaşarak olağanüstünün mükemmelliğine ulaşacak. Bu, gerçekten bir şeyler yapmaya başladığında olacak ve aniden aydınlanma tapınağının kapıları ardına dek açılacak" dedi Julian.

"Bu beni başka bir noktaya getiriyor. Başkalarının zamanını çalmasına izin verme. Zaman hırsızlarına karşı uyanık ol. Bunlar, her zaman tam da çocukları yatırıp sevdiğin koltuğa oturmuş herkesin övdüğü bir gerilim romanına başlayacağın sırada arayan kişilerdir. Telaşlı bir günün ortasında biraz soluk alıp tam düşüncelerini toplayacak birkaç dakika bulduğun anda ofisine damlama becerisine sahip olanlar da bu kişilerdir. Sana tanıdık geliyorlar mı?"

"Julian her zamanki gibi çok haklısın. Sanırım onlara gitmelerini söylemek veya kapımı kapalı tutmak için fazla kibarım" diye itiraf ettim.

"Zamanın söz konusuysa acımasız olmalısın. Hayır demeyi öğren. Yaşamında küçük şeylere hayır deme cesaretine sahip olmak sana büyük şeylere evet deme gücü verecektir. Büyük bir dava üzerinde birkaç saat çalışman gerektiğinde ofisinin kapısını kapat. Sana söylediklerimi hatırla. Her çaldığında telefonu açma. Telefon orada, senin rahatın için bulunuyor, başkalarınınki için değil. İronik biçimde, zamanının değerini bilen biri olduğunu gördüklerinde insanlar sana daha çok saygı gösterir. Zamanının kıymetli olduğunu anlayacak ve bunu takdir edeceklerdir.

"Ayak sürümek hakkında ne düşünüyorsun? Yapmaktan hoşlanmadığım işleri sürekli bir tarafa bırakıyorum ve kendimi önemsiz postaları okur veya hukuk dergilerini karıştırırken buluyorum hep. Belki sadece zaman öldürüyorumdur değil mi?"

"'Zaman öldürmek' yerinde bir metafor. Doğru, iyi hissettiren şeyleri yapmak ve sıkıntı verenlerden uzaklaşmak insan doğasının bir parçası. Ama önceden söylediğim gibi bu dünyada en üretken insanlar daha az üretici olanların hoşlanmadığı şeyleri yapma alışkanlığı geliştirenlerdir, bundan zevk alamasalar da."

Durdum ve az önce işittiğim ilke hakkında derinlemesine düşündüm. Belki sorunum ayak sürümek değildi. Belki sadece yaşamım çok karmaşık hale gelmişti. Julian kaygımı sezdi.

"Yogi Raman bana, kendi zamanlarının efendisi olanlar basit yaşamlar sürer, demişti. Süratli ve çılgın bir yaşam doğaya uygun değildir. Yogi Raman, kalıcı mutluluğa, yalnızca verimli ve kendilerine kesin amaçlar belirlemiş kişilerin ulaşılabileceğinin yanı sıra başarı ve kazanımlarla zenginleştirilmiş bir yaşama ulaşmak için feda edilecek şeyin iç huzuru olmadığını da biliyordu. Bu öğrendiğim bilgeliğin çok etkileyici bulduğum bir parçasıdır. Bana üretken biri olma ve aynı zamanda spiritüel gereksinimlerimi karşılama olanağı sağlamıştır."

Düşündüklerimi Julian'a daha da açık sözlülükle anlatmaya başladım. "Bana her zaman dürüst ve açık oldun, bu yüzden ben de sana karşı böyle davranacağım. Daha mutlu olmak uğruna mesleğimden, evimden ve arabamdan vazgeçmeyi istemiyorum. Oyuncaklarımdan ve kazandığım maddi şeylerden hoşlanıyorum. Bunlar seninle tanıştığımız andan bu yana yıllarca her gün saatler boyu çalışmamın ödülleri. Ancak kendimi boş hissediyorum; gerçekten öyle. Hukuk fakültesindeyken kurduğum düşlerden sana söz etmiştim. Yaşamımda yapabileceğim daha çok şey var. Biliyorsun neredeyse kırk yaşındayım ve henüz Büyük Kanyon'u ya da Eyfel Kulesi'ni görebilmiş değilim. Hiç çölde yürümedim veya harika bir yaz günü durgun bir gölde kürek çekmedim. Ayakkabılarımı ve çoraplarımı çıkarıp bir parkta gülüşen çocukları ve havlayan köpekleri dinleyerek yalın ayak yürümedim hiç. En son ne zaman yalnızca sesleri dinlemek ve hissettiklerimden keyif almak için karlı bir günde uzun ve sakin bir yürüyüş yaptığımı bile hatırlamıyorum."

"O halde yaşamını sadeleştir" diye önerdi Julian sempatik bir ifadeyle. "Kendi dünyanın her yanına Sadelik Ritüeli'ni uygula. Böyle yapmakla bu görkemli mucizelerden keyif almak için daha fazla zamanın olacak. İnsanın yapabileceği en trajik şeylerden biri yaşama boş vermektir. Arka bahçelerinde yetişenden zevk almak yerine ufuktaki büyülü gül bahçelerinin hayalini kuran çok fazla insan var. Ne trajedi."

"Önerin var mı?"

"Bunu senin düş gücüne bırakıyorum. Bilgelerden öğrendiğim stratejilerin birçoğunu seninle paylaştım. Bunları uygulayacak cesaretin varsa mucizeler yaratırlar. Ah, bu bana, yaşamımdaki huzur ve sadeliğin devamlı olmasını sağlayan başka bir tekniği hatırlattı."

"Nedir o?"

"Öğleden sonraları kısa bir süre uyurum. Bu, benim enerjik, tazelenmiş ve dinç kalmamı sağlıyor. Sanırım aslında güzellik uykusuna ihtiyacım olduğunu söyleyeceksin" diye güldü Julian.

"Güzellik önem verdiğin şeylerden biri olmamıştır hiç."

"Ama espri yeteneği senin güçlü yanlarından biri ve bunu takdir ediyorum. Gülmenin gücünü hep hatırla. Müzik gibi, o da yaşamın stres ve sıkıntılarına karşı mucizevi bir toniktir. Sanırım 'Kahkaha kalbinizi açar ve ruhunuzu yatıştırır' sözleriyle Yogi Raman bunu en iyi şekilde ifade etmişti. İnsanlar yaşamı asla kendilerine gülmeyi unutacak kadar ciddiye almamalıdırlar."

Julian'ın zaman konusunda söyleyeceği son bir şey daha vardı. "Bekli de en önemlisi John, yaşayacak beş yüz yılın varmış gibi davranmayı bırakmaktır. Divea bana o küçük kum saatini getirdiğinde asla unutmayacağım bir öğüt vermişti."

"Ne dedi?"

"Bana 'Bir ağacın tohumunu ekmek için en iyi zamanın kırk yıl öncesiydi. En iyi ikinci zamanın ise bugündür. Gününün bir dakikasını bile harcama. Bir ölüm döşeği mentalitesi geliştir' demişti."

"Pardon?" diye sordum Julian'ın verdiği biçimsel örnekle şaşkına dönerek. "Ölüm döşeği mentalitesi de nedir?"

"Bu yaşamına yeni bir bakış açısı, istersen daha güçlendirici bir paradigma de, bugünün son günün olabileceğini, o halde en dolu şekilde yaşaman gerektiğini hatırlatıyor."

"Kulağa biraz hastalıklı geliyor bana sorarsan. Ölümü hatırlatıyor."

"Aslında bu yaşama dair bir felsefe. Bir ölüm döşeği mentalitesi edinirsen her gününü son gününmüş gibi yaşarsın. Her gün uyandığında kendine şu basit soruyu sorduğunu hayal et: 'Bu son günüm olsa ne yapardım?' Sonra ailene, iş arkadaşlarına ve hatta tanımadığın insanlara nasıl davranacağını düşün. Her anını sonuna kadar nasıl üretken ve hareketli yaşayacağını düşün. Ölüm döşeği sorusu tek başına bile yaşamını değiştirecek güce sahiptir. Günlerini enerjiyle dolduracak, yaptığın her şeye lezzet ve ruh katacaktır. Ertelediğin tüm anlamlı şeylere odaklanmaya başlayacak, seni kriz ve kaos bataklığına sürükleyen tüm o sözde sevimli şeylere boş yere zaman harcamayı bırakacaksın."

Julian devam etti. "Kendini daha fazlasını yapmaya ve daha fazla deneyim kazanmaya zorla. Enerjini düşlerini geliştirmeye ada. Evet düşlerini geliştirmek. Zihin kalende böyle sonsuz bir potansiyel taşırken alelade bir yaşamı kabullenme. En üst sınırına ulaşma cesaretini göster. Bu senin doğuştan gelen hakkın!"

"Güçlü sözler."

"Dahası var. Bu kadar çok insana musallat olan başarısızlık büyüsünü bozmanın basit bir çaresi var."

"Anlamaya çabalıyorum ama..." dedim yumuşakça.

"Başarısızlık imkânsız gibi davran ve başarı garantilensin. İster maddi ister spiritüel olsun, amaçlarına ulaşamama düşüncesini silip at. Cesur ol ve hayal gücüne set çekme. Asla geçmişinin esiri olma. Geleceğinin mimarı ol. Asla eskisi gibi hissetmeyeceksin."

Şehir uyanmaya ve gün bütün tazeliğiyle ağarmaya başladığında ebedi arkadaşım bilgilerini bu hevesli öğrencisiyle paylaşarak geçirdiği gecenin ardından ilk yorgunluk belirtilerini gösteriyordu. Julian'ın dayanıklılığı, sınırsız enerjisi ve tükenmeyen heyecanı karşısında hayrete düşmüştüm. Yalnızca söylemde kalmamış, inandıklarını yaşama geçirmişti.

"Yogi Raman'ın gizemli öyküsünün sonuna geliyoruz ve gitmem gereken zaman da yaklaşıyor" dedi kibarca. "Yapmam gereken çok şey ve görmem gereken daha çok insan var."

"İş arkadaşlarına yuvaya döndüğünü söyleyecek misin?" diye sordum merakımı yenemeyerek.

"Muhtemelen hayır" diye yanıtladı Julian. "Onların hatırladıkları Julian Mantle'dan çok farklıyım. Aynı şeyleri düşünmüyorum, aynı giysileri giymiyorum. Temelden değişmiş biriyim. Beni tanımayacaklardır."

"Gerçekten yeni bir insansın" diyerek katıldım görüşüne. Bir yandan da içimden otantik bir Sivana cüppesi kuşanmış bu gizemli bilgeyi eski yaşamındaki kırmızı Ferrari'sine binerken hayal etmeye çalışıyordum.

"Yeni bir varoluş muhtemelen daha doğrudur."

"Ayrımı göremiyorum" diye itiraf ettim.

"Hindistan'da eski bir deyiş vardır; 'Bizler spiritüel bir deneyim yaşayan insanlar değiliz. Biz insani deneyim yaşayan spiritüel varlıklarız.' Ben şimdi evrendeki rolümü anlıyorum. Ne olduğumu görüyorum. Artık dünyada değilim. Dünya benim."

"Bu söylediğini hazmetmek için zaman ver" dedim tam bir dürüstlükle, Julian'ın neden bahsettiğini pek anlamayarak.

"Elbette. Anlıyorum dostum. Neden söz ettiğimi açıkça anlayacağın bir zaman gelecek. Sana açıkladığım ilkeleri izler ve anlattığım teknikleri uygularsan kuşkusuz aydınlanma yolunda ilerleyeceksin. Kendini yönetme sanatının ustası olacaksın. Yaşamının gerçek nedenini göreceksin; bu, sonsuzluk resminde küçük bir noktadır. Ne olduğunu ve yaşamının en üstün amacını açıkça görmeye başlayacaksın."

"Nedir?"

"Hizmet etmek elbette. Evin ne kadar büyük, araban ne kadar gösterişli olursa olsun yaşamının sonunda yanında götüreceğin sadece vicdanındır. Vicdanını dinle. Sana rehberlik etmesine izin ver. O neyin doğru olduğunu bilir. Sana yaşamın çağrısının, bencillikten tamamen uzaklaşarak şu veya bu şekilde başkalarına yardım etmek olduğunu söyleyecektir. Kişisel yolculuğumun bana öğrettiği budur. Şimdi fark etmem, yardımcı olmam ve iyileştirmem gereken başka birçokları var. Benim görevim Sivana Bilgelerinin kadim bilgeliğini onu duymaya ihtiyacı olan herkese anlatmak. Amacım bu."

Bilginin ateşi Julian'ın ruhunu canlandırmıştı; bu benim gibi aydınlanmamış bir ruh için bile açıktı. Söyledikleri hakkında o kadar tutkulu, kendini o kadar adamış ve o kadar gayretliydi ki bu onun fiziksel görünüşüne bile yansımıştı.

Hırpalanmış, yaşlı bir avukattan canlı, genç bir Adonis'e dönüşümü, beslenme şeklinde basit bir değişiklik ve günde bir doz hızlı etki gösteren egzersiz programıyla olmamıştı. Hayır, bu Julian'ın o görkemli dağlarda keşfettiği çok güçlü bir şifaydı. O, insanların asırlardır aradığı bir sırrın yanıtına ulaşmıştı. Bu gençlik, doyum ve hatta mutluluk sırrından daha fazlasıydı. Julian kendini keşfetmişti.

Bölüm 11 Uygulamalarının Özeti
Julian'ın Bilgeliğinin Özü

Sembol

Erdem

Zamanına Saygı Göster

Bilgelik

- Zaman en değerli varlığındır ve asla geri dönmez.
- Önceliklerine odaklan ve dengeyi koru.
- Yaşamını sadeleştir.

Teknikler

- 'Yirminin Kadim Kuralı'
- '"Hayır" Deme Cesaretini Göster'
- 'Ölüm Döşeği Mentalitesi'

Alıntı Yapılabilecek Sözler

Ellerimizden kum taneleri gibi akıp giden zaman asla geri gelmez. Zamanı erken yaşlardan itibaren akıllıca kullananlar zengin, üretken ve doyuma ulaştıkları bir yaşamla ödüllendirilir.

Ferrari'sini Satan Bilge

ONİKİNCİ BÖLÜM

Yaşamın En Üstün Amacı

Yaşayan hiç bir şey kendi başına, sadece kendisi için yaşamaz.

William Blake

"Sivana Bilgeleri yalnızca karşılaştığım en dinç insanlar değildi" dedi Julian, "hiç kuşku yok ki en nazik kişilerdi de."

Julian gülümseyen bir ifadeyle anlatmaya devam etti. "Yogi Raman'ın bana anlattığına göre çocukluğunda, akşam uyumayı beklerken babası güllerle kaplı kulübesine gelir, ona gün boyu hangi iyi şeyleri yaptığını sorarmış. İster inan ister inanma eğer hiç bir şey yapmadığını söylerse babası ondan kalkmasını, uyumadan önce sevecenlikle ve karşılık gözetmeksizin bir iyilik yapmasını istermiş."

Aniden ciddileşerek, "Aydınlanmış yaşamın sana anlatabileceğim en önemli erdemlerinden biri şudur: Her şey olup bittiğinde, ne kazandıysan kazan, kaç yazlık evin olursa olsun, garajında kaç otomobil beklerse beklesin, yaşam kaliten yaşama yaptığın katkıyla belirlenecektir" dedi.

"Bunun Yogi Raman'ın öyküsündeki taze çiçeklerle bir bağlantısı var mı?"

"Elbette var. Çiçekler sana şu eski Çin atasözünü hatırlatacak, "Sana gül veren elde hep biraz güzel koku kalır." Anlamı açık; başkalarının yaşamlarını iyileştirmek için çalışırsan bu süreç içinde dolaylı olarak kendi yaşamını da iyileştirirsin. Her gün üzerinde düşünmeden iyilik yapma alışkanlığı edinirsen yaşamın çok daha zengin ve anlamlı duruma gelir. Her bir güne kutsallık ve yücelik katmak istiyorsan bir şekilde başkalarına yardım et."

"Gönüllü bir yardım hizmetinde mi çalışmamı öneriyorsun?"

"Bu harika bir başlangıç noktası olur. Ama ben bunu çok daha felsefi bir açıdan ele alıyorum. Sana bu dünyadaki rolüne ilişkin yeni bir paradigmayı benimsemeni öneriyorum."

"Yine kafamı karıştırdın, paradigma terimini biraz açıklar mısın? Bu bana biraz yabancı."

"Bir paradigma olaylara veya genelde yaşama bakış biçimi anlamına gelir basitçe. Kimi insanlar yarısına kadar dolu bir bardağın boş kısmını görür. İyimserler ise yarısı dolu olarak. Onlar aynı koşulları farklı yorumlarlar, çünkü farklı bir paradigmayı benimsemişlerdir. Paradigma yaşamındaki iç ve dış olaylara içinden baktığın mercektir."

"O halde amacıma ilişkin yeni bir paradigma benimsememi söylerken yaşama bakışımı değiştirmem gerektiğini mi kastediyorsun?"

"Bir bakıma. Yaşam kaliteni hissedilir biçimde iyileştirmek istiyorsan, neden burada, dünyada olduğuna yeni bir perspektifle bakmalısın. Dünyaya beraberinde hiçbir şey olmaksızın adım attığını ve yazgının da buradan hiçbir şey olmaksızın ayrılmak olduğunu anlamalısın. Durum böyle iken var oluşunun tek bir gerçek nedeni olabilir."

"Ve bu da?"

"Diğerlerinin iyiliği için çalışmak ve anlamlı bir yaşamla katkıda bulunmak" diye yanıtladı Julian. "Oyuncaklarından ayrılmanı veya hukuk mesleğini bırakmanı veya yaşamını zayıflara adaman gerektiğini söylemiyorum. Gerçi bu yolu seçen ve bundan büyük hoşnutluk duyan insanlar da tanıdım kısa bir süre önce; neyse... Dünyamız büyük bir değişimin ortasında. İnsanlar artık para yerine anlamı tercih ediyor. İnsanlara ceplerinin şişkinliğiyle değer biçen avukatlar, şimdi aynı insanları başkalarına karşı sorumlulukları ve kalplerinin büyüklüğüyle değerlendiriyor. Öğretmenler şehir merkezi dediğimiz savaş alanlarında muhtaç çocukların entelektüel gelişimi için güvenli işlerinin sıcak sığınağından çıkıyorlar. İnsanlar değişime davet eden açık çağrıyı duydular. İnsanlar burada bir amaç için bulunduklarını ve bunu gerçekleştirmek için onlara özel yetenekler verildiğini anlıyorlar."

"Ne tür özel yetenekler?"

"Tam olarak sana akşam boyunca anlattıklarım; büyük bir zihinsel yetenek, sınırsız enerji, sonsuz yaratıcılık, güçlü disiplin ve tükenmeyen iç huzuru. Bu sadece sözünü ettiğim hazineleri açığa çıkarma ve herkesin yararına kullanma meselesi" diye ekledi Julian.

"Bu konuda da sana katılıyorum. Peki biri iyilik yapmaya nasıl başlayabilir?"

"Basitçe, dünyaya bakış açını değiştirmeyi bir öncelik haline getirmeli ve kendini salt birey olarak görmekten vazgeçip bir toplumun parçası olarak algılamaya başlamalısın diyebilirim."

"Bu durumda daha iyi kalpli ve müşfik biri olmalıyım öyle mi?

"Yapabileceğin en soylu davranışın başkalarına bir şeyler vermek olduğunu anlamalısın. Doğu'nun bilgeleri bunu 'ruhunu zincirlerinden kurtarma' süreci olarak adlandırır. Bu, bencilliğinden uzaklaşmak ve daha üstün bir amaca odaklanmaktan başka bir şey değildir. Bu, çevrendekilere daha çok şey vermek biçiminde olabilir, ister zamanını istersen enerjini. Bunlar senin gerçekten en değerli kaynaklarındır. Bu bir yıl yoksullar için çalışmak gibi büyük veya sıkışan trafikte birkaç arabaya yol vermek gibi küçük bir şey olabilir. Kulağa modası geçmiş gibi gelebilir, ama öğrendiğim bir şey varsa dünyayı daha iyi bir yer yapmak için çaba göstermeye başladığında yaşamının daha büyülü bir boyuta geçeceğidir. Yogi Raman doğduğumuzda dünya sevinene dek ağladığımızı söylemişti. Yaşamımızı öyle geçirmeliyiz ki öldüğümüzde biz mutlu iken dünya ağlamalı."

Julian'ın önemli bir noktaya değindiğini biliyordum. Kapasitem olduğunu bildiğim halde bir katkı sağlayamadığımı hissetmem hukuk mesleğimi sürdürürken beni rahatsız etmeye başlayan bir şeydi. Elbette emsal oluşturan birkaç davayı almak ayrıcalığım oldu ve bunlar insanlar için iyi sonuçlar doğurdular. Ancak hukuk benim için sevdiğim bir uğraş olmaktan çok iş haline gelmişti. Hukuk fakültesindeyken okul arkadaşlarımın birçoğu gibi ben de idealisttim. Yatakhanedeki odalarımızda soğuk kahve ve pizza yerken dünyayı değiştirmeyi planlardık. O zamandan bu yana neredeyse yirmi yıl geçti ve değişimi savunmaya ilişkin ateşli arzum yerini ipoteğimi ödemeye ve bir emeklilik geliri oluşturmaya yönelik ateşli arzuma bırakmıştı. Kendimi orta sınıf bir kozaya hapsetmiş olduğumu uzun zaman sonra ilk kez fark ediyordum, beni toplumdan izole eden ve içinde yaşamaya alıştığım bir kozaydı bu.

"Sana gerçekten etkileyici olan eski bir öykü anlatayım" diye devam etti Julian. "Bir zamanlar sevgili kocasını yitirmiş olan zayıf, yaşlı bir kadın varmış. Bu yüzden kadın oğlu, onun karısı ve çocuğuyla birlikte yaşamaya gitmiş. Her geçen gün kadının gözleri bozuluyor ve kulakları daha ağır işitiyormuş. Bir gün o kadar çok titremeye başlamış ki bezelyeleri tabağından yere yuvarlanmış ve çorbası kâsesinden dökülmüş. Oğlu ve oğlunun karısı yaşlı kadının neden olduğu dağınıklıktan artık rahatsız olmuşlar ve yeter demişler. Süpürge dolabının yanına küçük bir masa yerleştirmişler ve kadın tüm öğünlerini orada yemeye başlamış, tek başına. Yemek zamanı odanın diğer ucundan yaşlı gözlerle onları izlermiş ancak onlar yemek yerken pek konuşmazmış; çatalını düşürdüğü için onu azarlamak dışında."

"Bir akşam yemekten hemen önce evin küçük kızı yerde oturmuş oyuncak inşaat setiyle oyalanmaktaymış. "Ne yapıyorsun?" diye sormuş babası ciddi bir sesle. 'Sen ve annem için küçük bir masa yapıyorum diye yanıtlamış kız, böylece ben büyüdüğümde köşede oturup yemeğinizi yiyebileceksiniz.' Baba ve anne sonsuzluk gibi gelen uzun bir süre susmuşlar. Sonra ağlamaya başlamışlar. İşte o zaman yaptıklarının anlamının ve sebep oldukları üzüntünün farkına varmışlar. O akşam yaşlı kadını büyük yemek masalarında onlarla birlikte yemek üzere hakkı olan yere oturtmuşlar tekrar. Bir daha da küçük bir parça yemek yere döküldüğünde kimse yakınmamış."

"Bu öyküde anne ve baba kötü insanlar değildi" dedi Julian, "Yalnızca merhamet mumlarını yakacak bir farkında olma kıvılcımına ihtiyaçları vardı. Merhamet ve her gün sergiledikleri iyi yürekli davranışları onların yaşamını çok daha zengin kıldı. En azından bunu umanlara söylenen samimi övgüler, ihtiyacı olan arkadaşlara sunulan sıcak davranışlar, aile üyelerine karşılıksız şefkat göstermek, işte tüm bunlar çok daha harika bir yaşam biçimine katkı sağlar. Arkadaşlardan söz etmişken onlarla sürekli ilgilenmelisin. Üç yakın dostu olan insan gerçekten çok zengindir."

Ben başımı salladım, o devam etti: "Arkadaşlar yaşama espri, heyecan ve güzellik katar. Eski bir arkadaşla karnına ağrı girecek kadar gülmekten daha çok canlılık veren bir şey yoktur. Kendini üstün görmeye başladığında arkadaşların seni alçak gönüllü yapar. Kendini fazla ciddiye aldığında arkadaşların seni güldürür. Yaşam karşına küçük engellerinden birini çıkardığında ve işler göründüğünden kötü gittiğinde iyi arkadaşların yardım için oradadır. Meşgul bir avukatken arkadaşlarıma ayıracak zamanım yoktu. Şimdi senin dışında yalnızım John. Herkes tatlı ve derin uykularının kozasına çekildiğinde, ormanda uzun yürüyüşler yapabileceğim bir arkadaşım yok. Beni derinden etkileyen bir kitabı elimden bıraktığımda düşüncelerimi paylaşabileceğim kimsem yok. Muhteşem bir sonbahar gününün ışıkları kalbimi ısıtıp içimi sevinçle doldurduğunda ruhumu açabileceğim bir kimse de."

Julian çabucak kendini toparladı. "Ama pişmanlık, zaman ayırabileceğim bir tutum değil. Sivana'daki öğretmenlerimden, her şafak vaktinin aydınlanmış kişi için yeni bir gün olduğunu öğrendim"

Julian'ı sağlam tahta blokları parçalayan dövüş ustalarının yaptığı gibi her zaman rakiplerinin argümanlarını çatırtıyla ezen insanüstü bir hukuk gladyatörü olarak görmüştüm. Uzun yıllar önce tanıdığım bu insanın şimdi çok farklı yapıda birine dönüştüğünü görebiliyordum. Karşımda oturan adam zarif, kibar ve huzurluydu. Kendinden ve yaşam sahnesindeki rolünden emin görünüyordu. Daha önce tanıdığım herkesten farklı olarak geçmişteki acılarına bilge bir öğretmen gibi bakıyordu. Üstelik yaşamının, geçmişteki tüm olayların toplamından daha fazlası olduğunu anlamıştı.

Julian'ın gözleri gelecekteki güzel şeylerin umuduyla parlamaktaydı. Onun dünyasındaki mucizelerden duyduğu hazla çevrelenmiş ve sınırsız yaşam sevincine ben de kapılmıştım. Bana öyle görünüyordu ki uzlaşmaz, kavgacı ve son derece varlıklı avukat Julian Mantle, hiç kimseye aldırmaksızın kendi yaşamını sürdüren bir insandan yalnızca başkalarında özen göstererek yaşayan spiritüel bir varlığa dönüşmüştü. Belki benim yürümek üzere olduğum yol da buydu.

Bölüm 12 Uygulamalarının Özeti
Julian'ın Bilgeliğinin Özü

Sembol

Erdem

Çıkar gözetmek sizin başkalarına yardım et

Bilgelik

- Yaşam kaliten sonuçta yaşama yaptığın katkıyla belirlenir.
- Her gününe kutsallık kat, vermek için yaşa.
- Başkalarının yaşamlarını yüceltmekle, kendi yaşamın en üst boyutlara erişir.

Teknikler

- 'Her Gün İyilik Yap'
- 'İhtiyacı Olanlara Ver'
- 'Daha Zengin İlişkiler Geliştir'

Alıntı Yapılabilecek Sözler

Yapabileceğin en soylu davranışın başkalarına bir şeyler vermek olduğunu anlamalısın. Daha üstün amaçlara odaklanmaya başla.

Ferrari'sini Satan Bilge

ONÜÇÜNCÜ BÖLÜM

Yaşam Boyu Mutluluğun Ebedi Sırrı

Gündoğumunun harikalığını ve ayın güzelliğini hayranlıkla izlerken, ruhum Yaradan'a şükran duygularıyla dolup taşar.

Mahatma Gandhi

Julian'ın Sivana'da kazandığı bilgeliği benimle paylaşmak için bir gece önce evime gelmesinin üzerinden on iki saatten fazla zaman geçmişti. Bu on iki saat hiç kuşkusuz yaşamımın en önemli anlarıydı. Aynı anda coşku, motivasyon ve evet özgürlük hissediyordum. Julian, Yogi Raman'ın öyküsüyle ve onun temsil ettiği ebedi erdemlerle yaşama bakış açımı kökünden değiştirmişti. Kendi insani potansiyelimin sınırlarını keşfetmeye henüz başlamadığımı fark ettim. Yaşamımın bana sunduğu günlük hediyeleri çarçur etmekle meşguldüm. Julian'ın bilgeliği, hak ettiğimi bildiğim neşe, enerji ve doyum içinde yaşamaktan beni alıkoyan yaralarımla yüz yüze gelme fırsatını verdi bana. Duygulanmıştım.

Julian özür diler gibi bir ifadeyle "Birazdan gitmem gerekiyor. Yapman gereken şeyler var ve benim de ilgilenmem gereken kendi işlerim" dedi.

"İşim bekleyebilir."

"Ne yazık ki, benimki bekleyemez. Ama gitmeden önce Yogi Raman'ın sihirli öyküsünün son öğesini sana anlatmalıyım. Üzerinde pembe kordondan başka bir şey bulunmayan sumo güreşçisinin deniz fenerinden çıkıp güzel bahçenin ortasına doğru yürürken parlak altın bir kronometreye basıp yere düştüğünü hatırlarsın. Sonsuzluk kadar uzun gelen bir andan sonra, sumo güreşçisi sarı güllerin muhteşem kokusu burnuna ulaştığında bilincine yeniden kavuşur. Sonra büyük bir keyiflc ayağa kalkar ve milyonlarca küçük elmasla bezeli uzun, kavisli bir patika gördüğünde şaşırır. Elbette, dostumuz sumo güreşçisi o patikaya girer ve bunu yaptıktan sonra sonsuza kadar mutlu yaşar."

Kıkırdayarak "Mantıklı görünüyor" dedim.

"Kabul ediyorum, Yogi Raman oldukça güçlü bir düş gücüne sahipti. Ama öyküsünün bir amacı olduğunu ve onun sembolize ettiği prensiplerin sadece güçlü olmakla kalmayıp aynı zamanda son derece pratik olduğunu gördün."

"Doğru" dedim hiçbir kuşkuya kapılmadan.

"O zaman, elmaslarla bezeli patika sana aydınlanmış yaşamın son erdemini hatırlatma işlevi görecektir. Bu prensibi günlük işlerine yansıttığında, yaşamını tarif edilemez bir biçimde zenginleştirebileceksin. En basit şeylerde bile özel harikalıkları görmeye başlayacaksın ve hak ettiğin mutlulukla yaşayacaksın. Bana verdiğin sözü tutarak ve onu başkalarıyla paylaşarak, onların dünyalarını sıradanlıktan çıkarıp olağanüstülüğe dönüştürmelerini sağlayacaksın."

"Bunu öğrenmem uzun zaman alacak mı?"

"Prensibin kendisini kavramak son derece kolay. Fakat onu ayakta geçen her anında etkin biçimde uygulamayı öğrenmen birkaç hafta boyunca düzenli pratik yapmanı gerektirir."

"Tamam, bunu duymak için ölüyorum."

"Bunu söylemen komik, çünkü yedinci ve son erdem yaşamakla ilgili. Sivana Bilgeleri gerçek anlamda mutlu ve doyurucu bir yaşamın ancak 'anı yaşamak' adı verilen bir süreçle olası olduğuna inanıyorlardı. Bu yogiler, geçmişin köprünün altından akan sular gibi geçip gittiğini ve geleceğin ise hayal gücünün ufkundaki uzak bir güneş olduğunu biliyordu. En önemli an, şu andır. Şu anda yaşamayı öğren ve tam anlamıyla tadını çıkar."

"Ne söylediğini tam olarak anlıyorum Julian. Günümün büyük bölümünü, değiştirmek için gücümün olmadığı geçmişteki olaylara üzülerek veya gelecekte belki de hiç olmayacak şeylere kaygılanarak geçiriyormuşum. Zihnim her zaman beni bir milyon farklı yöne çeken bir milyon küçük düşünce ile doluydu. Bu gerçekten sinirlendiriyor beni."

"Neden?"

"Beni yoruyor da ondan! Sanırım iç huzurum yok. Fakat zihnimin sadece önümde olan şeyler ile tamamen meşgul olduğu zamanlar da oldu. Bu, sıklıkla hukuki bir konuda çalışırken büyük bir baskı altındayken ve elimdeki işten başka bir şeyle ilgilenecek durumda olmadığım zamanlardı. Buna benzer tam bir odaklanmayı oğullarımla futbol oynarken ve gerçekten kazanmayı isterken de hissettim. Saatler dakikalar gibi geçerdi ve konsantre olurdum. Benim için tek önemli olan şey tam da o anda yaptığım şey olurdu. Onun dışındaki şeyler, kaygılar, faturalar veya işlerimin hiçbir önemi yoktu. Şimdi düşündüğüm zaman, bunlar belki de en huzur dolu hissettiğim anlardı aynı zamanda."

"Seni tam anlamıyla zorlayan bir eyleme odaklanman kişisel doyuma giden en emin yoldur. Fakat hatırlanması gereken anahtar nokta mutluluk bir hedef değil, yolculuktur. Bugün için yaşa, buna benzer başka bir yaşamın asla olmayacak" dedi Julian, sözlerinin tutarlılığı sağlayan bilgeliğe şükran hissiyle dua edecekmişçesine ellerini kavuşturarak.

"Yogi Raman'ın öyküsündeki elmaslarla bezeli patikanın sembolize ettiği prensip bu mu?"

"Evet" diye cevap verdi kısaca. Sonra ekledi: "Elmaslarla dolu yolda yürüyerek mutluluk ve kalıcı doyuma ulaşan sumo güreşçisi gibi, sen de şu anda yürümekte olduğun yolun elmaslar ve başka paha biçilmez hazinelerle dolu bir yol olduğunu anlamaya başladığın anda hak ettiğin yaşama kavuşacaksın. Yaşamın küçük zevklerini görmezden gelerek büyük zevklerin peşinde koşmakla zaman harcamaktan vazgeç. Yavaşla. Etrafındaki her şeyin güzelliğinin ve kutsallığının tadını çıkar. Kendine bunu borçlusun."

"Bu, geleceğim için büyük hedefler koymaktan vazgeçmem ve şimdiye odaklanmam anlamına mı geliyor?"

"Hayır" diye cevap verdi Julian sertçe. "Daha önce de söylediğim gibi, gelecek için koyulan hedefler ve kurulan hayaller gerçek anlamda başarılı her yaşamın zorunlu öğeleridir. Gelecek günlerde yaşanacaklara ilişkin umut seni sabah yatağından kaldıran ve sana günler boyunca ilham veren şeydir. Hedefler yaşamına enerji verir. Anlatmaya çalıştığım şey basit; asla başarı uğruna mutluluğunu feda etme. Kendi mutluluğun ve doyumun için önemli olan şeyleri yarına erteleme. Bugün dolu dolu yaşama günüdür, piyangodan para çıktığı veya emekli olduğun gün değildir. Asla yaşamını erteleme."

Julian ayağa kalktı ve tutkusunu kaybetmiş, kapanış cümlesinde son mantık tohumlarını ortaya döken deneyimli bir avukat gibi oturma odasında bir aşağı bir yukarı gezinmeye başladı. "Avukatlık bürondaki yükü hafifletmek için birkaç genç avukatı işe aldığında daha sevecen ve verici bir eş olacağını zannederek kendini kandırma. Banka hesabın kabardığında ve daha fazla boş zamana sahip olma lüksünü elde ettiğinde, zihnini zenginleştirmeye ve bedeninle ruhunu beslemeye başlayacağını sanarak kendini kandırma. Bugün çabalarının meyvelerinin keyfini çıkarma günüdür. Bugün anı yaşama ve yükseklerde uçarak yaşama günüdür. Bugün hayal ettiğini yaşama ve düşlerini gerçekleştirme günüdür. Ve lütfen asla ailenin değerini unutma."

"Ne demek istediğini tam olarak anladığımdan emin değilim Julian."

"Çocuklarının çocukluğunu yaşa" dedi basit bir yanıt vererek.

"Efendim?" dedim, açık paradoks karşısında afallayarak.

"Çok az şey çocuklarının çocukluk çağının bir parçası olmaktan daha değerlidir. Kendi çocuklarının ilk adımlarını kaçırmışsan başarı basamaklarını çıkmanın ne anlamı var? Bir evi tasarlamaya vaktin olmamışsa apartmanındaki en büyük daireye sahip olmuşsun ne işe yarar? Çocukların babalarını tanımıyorsa tüm ülkede sıkı bir avukat olarak tanınmanın ne anlamı var?" Julian'ın sesi bunları söylerken titremişti. "Sana neden söz ettiğimi biliyorum."

Bu son cümle beni altüst etti. Julian hakkında tüm bildiğim onun zengin ve hoş insanlarla zaman geçiren yıldız bir avukat olduğuydu. Genç ve seksi mankenlerle romantik ilişkileri mahkemedeki becerileri kadar efsaneviydi. Bu milyoner çapkın, baba olmanın ne demek olduğunu nasıl bilebilirdi ki? Herkesin imdadına yetişen bir kişi, harika bir baba ve başarılı bir avukat olmaya çalışırken karşılaştığım günlük zorluklar hakkında ne bilebilirdi ki? Ama Julian'ın altıncı hissi beni yakaladı.

"Çocuk adı verilen nimet hakkında da bir şeyler biliyorum" dedi yumuşakça.

"Ama ben seni havlu atıp mesleğinden vazgeçene kadar şehrin en gözde bekârı olarak biliyordum."

"Hızlı ve çılgın yaşam biçiminin illüzyonuna kapılmış gidiyordum; insanlar beni öyle tanıyordu. Daha önce evlendiğimi biliyorsun."

"Evet."

Sonra bir an durakladı, en iyi arkadaşına sıkı bir şekilde sakladığı sırrını açıklamadan önceki bir çocuk gibi. "Bilmediğin şey benim de küçük bir kızım olduğu. O yaşamımda gördüğüm en tatlı, en narin varlıktı. O zamanlar beni ilk tanıdığın zamanlardaki gibiydim; kendini beğenmiş, hırslı ve umut dolu. Bir insanın isteyebileceği her şeye sahiptim. İnsanlar bana parlak bir geleceğim, çarpıcı derecede güzel bir eşim ve harika bir kızım olduğunu söylüyordu. Ama yaşamım mükemmel bir şekilde giderken bir anda her şeyi kaybettim."

Dönüşünden beri ilk kez, Julian'ın ebedi mutlulukla parlayan yüzü hüzünle doldu. Bronzlaşmış yanaklarından bir damla gözyaşı yuvarlandı ve kırmızı cüppesinin kadifemsi kumaşının üzerine döküldü. Nutkum tutulmuştu; eski dostumun bu itirafından çok etkilenmiştim.

"Devam etmene gerek yok Julian" dedim, onu teselli etmek için kolumu omzuna atarak.

"Ama edeceğim John. Önceki yaşamımda bildiğim her şey içinde en fazla ümit veren sen oldun. Daha önce söylediğim gibi, bana gençliğimi hatırlatıyorsun. Şu anda bile önünde seni bekleyen bir sürü şey var. Ama şu andaki gibi yaşamaya devam edersen, felaketle burun buruna geleceksin. Buraya gelmemin sebebi sana keşfetmeni bekleyen pek çok mucizenin olduğunu ve önünde tadını çıkaracağın birçok an olduğunu göstermekti."

"Kızımın ölümüne neden olan sarhoş sürücü güneş ışıklarıyla yıkanan o Ekim öğle sonunda sadece yaşamımdaki tek değerli şeyi benden almakla kalmadı. İki değerli şeyimi kopardı benden. Kızımın ölümünden sonra yaşamım iplik gibi çözüldü. Avukatlık kariyerimin kırık kalbimin yaralarını saracağı gibi aptal bir umutla her dakikamı ofiste geçirmeye başladım. Bazı günler ofisimdeki kanepede uyuyordum ve pek çok tatlı hatıranın sonsuz huzura erdiği evime gitmekten korkuyordum. Kariyerim şahlanırken, iç dünyam enkaz haline geldi. Hukuk fakültesinden beri yanımda olan eşim iş saplantımın bardağı taşıran son damla olduğunu söyleyerek beni terk etti. Sağlığım bozuldu ve ilk tanıştığımız zamanki rezil yaşamıma geri döndüm. Elbette paranın satın alabileceği her şeye sahiptim. Ama para için ruhumu satmıştım, gerçekten yapmıştım bunu" dedi Julian duygu yüklü, titreyen bir sesle.

"Yani 'Çocuklarının çocukluğunu yaşa' derken bana onların büyümesini ve serpilmesini izlemek için zaman ayırmamı söylüyordun değil mi?"

"Bugün bile, en iyi arkadaşının doğum günü partisine giderken aramızdan ayrılmasından yirmi yedi yıl sonra bile, kızımın tekrar neşeyle gülmesi veya arka bahçemizde saklambaç oynaması için her şeyimi verirdim. Onu kollarımın arasında tutup altın sarısı saçlarını okşamayı nasıl isterdim. Öldüğü zaman kalbimi de beraberinde götürdü. Sivana'da aydınlanma ve kendine liderlik etme yolunu bulduktan sonra yaşamım yeni bir anlam kazansa bile, zihnimdeki sessiz sahnede tatlı küçük kızımın güzel yüzünü görmediğim tek bir gün geçmiyor. Harika çocukların var John. Ağaçlar yüzünden ormanı gözden kaçırma. Çocuklarına verebileceğin en iyi hediye sevgindir. Onları tekrar tanımaya başla. Onlara mesleki kariyerinin geçici ödüllerinden çok daha önemli olduklarını göster. Kısa bir zaman sonra kendi yaşamlarını ve ailelerini kuracaklar. O zaman çok geç olacak ve zaman geçmiş olacak."

Julian'ın sözleri içime işlemişti. Bir süredir işkolik yaşam ritmimin aile bağlarımı yavaş ama düzenli bir şekilde gevşettiğini fark etmeye başlamıştım. Ama bu, için için yanan kor gibiydi, tahrip edici potansiyelini tam anlamıyla göstermeden önce yavaş yavaş enerji topluyordu. Çocuklarımın bana ihtiyacı olduğunu biliyordum, onlar bunu bana söylemese de. Yine de tam anlamıyla ayırdına varmak için bunu Julian'dan duymam gerekmişti. Zaman akıp gidiyordu ve onlar çok hızlı büyüyordu. Oğlum Andy ile birlikte buz gibi bir Cumartesi günü sabah erken saatte büyükbabasının çok sevdiği yerde en son ne zaman balık avladığımızı hatırlayamadım. Her hafta sonu bunu yaptığımız zamanlar olmuştu. Şimdi ise bu uzun süre alışkanlık haline getirdiğimiz şey başkasının anısı gibi olmuştu.

Bunun üzerinde ne kadar çok düşünürsem, o kadar ağır geliyordu. Piyano resitalleri, Noel oyunları, çocuklar ligi şampiyonası mesleki başarılarıma feda edilmişti.

"Ne yapıyordum?" diye sordum kendime. Julian'ın tarif ettiği kaygan yamaçtan aşağı yuvarlanıyordum. İşte o andan itibaren ve sonsuza kadar değişmeye karar verdim.

"Mutluluk bir yolculuktur" diye devam etti Julian, sesi tekrar tutkuyla yükselmişti. "Bu, senin kendinin verebileceği bir karar. Yolda rastladığın elmaslara şaşırabilir veya gökkuşağının sonunda aslında boş olduğu sonradan anlaşılan ele geçmez altın kâsesini ele geçirmek için günler boyunca koşabilirsin. Her günün sana sunduğu özel anların tadını çıkar çünkü sahip olduğun tek şey bugün ve şu andır."

"Herhangi biri 'şu anda' yaşayabilir mi?"

"Kesinlikle. Güncel koşulların ne olursa olsun, yaşam armağanından keyif almak ve varoluşunu günlük yaşamın mücevherleri ile doldurmak için kendini eğitebilirsin."

"Ama bu biraz fazla iyimserlik değil mi? Kötü bir iş anlaşması nedeniyle sahip olduğu her şeyi bir anda kaybetmiş birini düşün. Sadece mali açıdan değil, aynı zamanda duygusal olarak da iflas ettiğini düşün."

"Banka hesabının kabarıklığı ve evinin büyüklüğünün neşe ve hayranlık duygusu içinde yaşamakla hiç ilgisi yok. Bu dünya mutsuz milyonerler ile dolu. Sivana'da tanıştığım bilgelerin dengeli bir mali portföye sahip olma ve Güney Fransa'da yazlık ev almak gibi bir dertleri olduğunu mu düşünüyorsun?" diye sordu Julian esprili bir biçimde.

"Tamam. Söylemek istediğini anladım."

"Büyük paralar kazanmak ile büyük bir yaşam kurmak arasında muazzam bir fark vardır. Şükran duyacağın şeyleri keşfetmek için günde beş dakika olsun harcamaya başladığında, aradığın yaşam zenginliğine ulaşacaksın. Senin verdiğin örnekteki kişi bile şiddetli mali sıkıntısına rağmen minnettar olacağı şeyler bulabilir. Ona sağlığının, sevgi dolu ailesinin ve toplumdaki şöhretinin hâlâ iyi olup olmadığını sor. Bu harika ülkenin vatandaşı olmaktan ve kafasını sokacağı bir eve sahip olmaktan mutlu olup olmadığını sor. Belki de çok çalışmak gibi ustalık isteyen bir beceri ve büyük hayaller kurma yeteneği dışında bir serveti yoktur. Fakat bunlar minnettarlık duyması gereken değerli hazinelerdir. Hepimizin şükran duyması gereken çok şey var. Harika bir yaz gününde pencerenin dışında ötüşen kuşlar bile bilge bir kişiye armağan gibi görünür. Yaşam her zaman senin ondan istediklerini vermez; her zaman ihtiyacın olan şeyleri verir, bunu unutma."

"Maddesel veya spiritüel tüm servetim için her gün şükretmekle anı yaşama alışkanlığı geliştirebilecek miyim?"

"Evet. Bu, yaşamına yaşam katmak için etkili bir yöntemdir. 'Şu anın' tadını çıkardığında, kaderini geliştirmeni sağlayan yaşam ateşini yakmış olursun."

"Kaderimi geliştirmek?"

"Evet. Sana daha önce de söylediğim gibi hepimize belirli yetenekler verilmiştir. Gezegendeki herkes bir dâhidir."

"Birlikte çalıştığım bazı avukatları tanımıyorsun" dedim şakacı bir şekilde.

"Herkes" dedi Julian anlayışla. "Hepimiz yapmak için yaratıldığımız bir şeye sahibiz. Daha yüksek amacını keşfettiğin ve tüm enerjini ona yönelttiğin anda, dehan parlayacak ve mutluluk yaşamını dolduracak. Bu görevine yöneldiğinde, bu ister çocuklara öğretmenlik yapmak, ister esin dolu bir sanatçı olmak olsun, tüm isteklerin hiçbir çaba harcamadan gerçekleşecek. Uğraşmana gerek kalmayacak. Aslında, ne kadar çok çabalarsan, amaçlarına ulaşman o kadar uzun sürecektir. Onun yerine, sadece hayallerinin yolunu izle ve kesinlikle içine dolacak olan mutluluğu bekle. Bu, seni ilahi hedefine götürecektir. Kaderini geliştirmek derken bunu kastetmiştim" dedi Julian bilgece.

"Küçük bir çocukken babam bana 'Peter ve Sihirli İp' adlı peri masalını anlatırdı. Peter çok hareketli küçük bir çocukmuş. Herkes onu severmiş; ailesi, öğretmenleri ve arkadaşları. Ama bir zayıflığı varmış."

"Neymiş?"

"Peter asla o anı yaşamıyormuş. Yaşamın akışından tat almayı bilmiyormuş. Okuldayken dışarıda oyun oynamak istermiş. Dışarıda oyun oynarken yaz tatilini özlermiş. Peter sürekli olarak hayal kurar ve hiçbir zaman günlerini dolduran özel anların keyfine varmazmış. Bir sabah Peter evinin yakınlarındaki ormanda yürüyüşe çıkmış. Yorulunca çimenlik bir yer bulmuş ve sonunda uyuyakalmış. Birkaç dakikalık derin uykusundan sonra, birinin ona seslendiğini duymuş. 'Peter! Peter!' Cırtlak ses yukarıdan geliyormuş. Gözlerini yavaşça açtığında tepesinde dikilen çarpıcı bir kadın görmüş. Kadın belki de yüz yaşındaymış ve kar beyazı saçları omuzlarından aşağıya yün bir battaniye gibi dökülüyormuş. Kadının kırışıklarla dolu elinde ortasında bir delik olan sihirli bir küçük top varmış ve delikten uzun, altın bir ip sarkıyormuş."

"Kadın, 'Peter' demiş, 'Bu, senin yaşamının ipi. İpi birazcık çekersen, bir saat dakikalar gibi geçer. Biraz daha fazla çekersen, tüm günler dakikalar gibi geçer. İpi tüm gücünle çekersen, aylar hatta yıllar bile günler gibi geçer'. Peter bu keşif karşısında çok heyecanlanmış. 'Belki de ona sahip olabilirim?' diye düşünmüş. Yaşlı kadın hemen aşağıya eğilerek sihirli ipi olan topu küçük çocuğa vermiş. Ertesi gün, Peter sınıfta huzursuz ve yorgun bir şekilde oturuyormuş. Birdenbire aklına yeni oyuncağı gelmiş. Altın ipi biraz çekmiş ve kendini hızla evde, bahçede oyun oynarken bulmuş. Sihirli ipin gücünü keşfettikten sonra Peter okul çocuğu olmaktan sıkılmış ve tüm heyecanları ile birlikte bir delikanlı olmak istemiş. Sonra altın ipi tekrar ve kuvvetle çekmiş. Birdenbire Elise adlı güzel bir kız arkadaşı olan bir delikanlıya dönüşmüş. Fakat Peter yine memnun değilmiş. Anın tadını çıkarmayı ve yaşamının her evresindeki yalın mucizeleri keşfetmeyi hiçbir zaman öğrenmemişmiş. Onun yerine, bir erişkin olmayı hayal etmiş. Sonra ipi tekrar çekmiş ve uzun yıllar bir anda geçmiş. Derken kendini orta yaşlı bir erişkin olarak bulmuş. Elise eşiydi ve Peter bir ev dolusu çocuk ile çevriliymiş. Ama Peter başka bir şeyi de fark etmiş. Bir zamanlar simsiyah olan saçları beyazlamaya başlamıştı. Çok sevdiği, bir zamanlar genç olan annesi artık yaşlı ve güçsüz bir kadın olmuş. Ama Peter hâlâ anı yaşamıyordu. 'Şimdide yaşamayı' asla öğrenememişti. Sonra sihirli ipi tekrar çekmiş ve ortaya çıkacak değişiklikleri beklemeye koyulmuş. Şimdi Peter gür siyah saçları kar gibi beyazlamış, doksan yaşında bir adammış. Genç ve güzel eşi Elise ise yaşlanmış, birkaç yıl önce ölmüş. Harika çocukları büyümüş ve kendi yaşamlarını kurmak için evden ayrılmış. Tüm yaşamında ilk kez Peter yaşamdaki harikalıkları kucaklamak için zaman ayırmadığını fark etmiş. Çocuklarıyla hiçbir zaman balık tutmaya gitmemiş ve Elise ile mehtapta gezinti yapmamış. Bahçeye çiçekler ekmemiş ve annesinin okumaya bayıldığı harika kitapları okumamış. Onun yerine, yaşamında hep acele etmiş ve yol boyunca iyi şeyleri görmek için asla dinlenmemiş. Peter bu keşfinden büyük üzüntü duymuş. Kafasını boşaltmak ve ruhunu dinlendirmek için çocukken gittiği ormana gitmeye karar vermiş. Ormana girdiğinde çocukluğundaki küçük fidanların görkemli meşe ağaçlarına dönüştüğünü fark etmiş. Orman da bir doğa cennetine dönüşmüşmüş. Küçük bir çimenlik bulmuş ve derin bir uykuya dalmış. Sadece birkaç dakika geçmiş ki birinin ona seslendiğini işitmiş. 'Peter! Peter!' Peter kafasını kaldırmış, karşısındaki, uzun yıllar önce sihirli altın ipli topu ona veren yaşlı kadından başkası değilmiş. 'Sana verdiğim armağandan memnun kaldın mı?' diye sormuş kadın. Peter doğruca cevap vermiş. 'Baştan eğlenceliydi, ama şimdi ondan nefret ediyorum. Tüm yaşamım bana keyfini çıkarma şansını vermeden gözlerimin önünden akıp gitti. Eminim hüzünlü anların yanında harika zamanlar da olmuştur, ama benim bunları yaşama şansım hiç olmadı. İçim boşalmış gibi hissediyorum. Yaşam armağanı ellerimden kayıp gitti.' 'Hiç minnettar olmuyorsun' demiş yaşlı kadın. 'Yine de, sana son bir dilek dileme şansı veriyorum'. Peter bir an düşünüp telaşla yanıtlamış; 'Küçük bir çocuk olarak okuluma geri dönmek ve yaşamımı tekrar etmek istiyorum!' Bunu söyledikten sonra derin uykusuna dönmüş. Yine birinin ona seslendiğini duyarak gözlerini açmış. 'Bu sefer kim olabilir?' diye düşünmüş. Kafasını kaldırdığında annesinin yatağının kenarında ayakta durduğunu görünce çok sevinmiş. Annesi genç, ışık dolu ve sağlıklı görünüyormuş. Peter ormandaki o tuhaf kadının dileğini yerine getirdiğini ve onu önceki yaşamına döndürdüğünü anlamış. 'Acele et Peter. Çok fazla uyuyorsun. Şu dakika kalkmazsan rüyaların yüzünden okula geç kalacaksın' demiş annesi hafifçe azarlayarak. Söylemeye gerek yok, Peter o sabah yatağından fırlamış ve umut ettiği şekilde yaşamaya başlamış."

Julian öykünün finalini açıklamadan önce bir an durup derin bir soluk aldı. "Peter dolu dolu, pek çok mutluluk, neşe ve zaferle tattığı bir yaşam sürdü, ama bunların hepsi gelecek için şimdiyi feda etmekten vazgeçip anı yaşamaya başladığında gerçekleşti."

"İlginç bir öykü" dedim yumuşakça.

"Ne yazık ki John, 'Peter ve Sihirli İp' öyküsü sadece bir öykü, peri masalı. Burada gerçek dünyadaki bizler yaşamı dolu dolu yaşamak için ikinci bir şansa sahip değiliz. Bugün, çok geç olmadan yaşam armağanına gözlerini açman için sana verilen bir şanstır. Zaman gerçekten de küçük kum tanecikleri gibi parmaklarının arasından akıp gidiyor. Bu yeni gün yaşamının belirleyici anı olsun, senin için gerçekten önemli olana bir kez ve sonsuza kadar odaklanma kararını verdiğin gün. Yaşamını anlamlı kılan insanlara daha fazla zaman ayırma kararını ver. Özel anlara saygı duy, onların güçlerine hayran ol. Her zaman yapmak istediğin şeyleri yap. Her zaman tırmanmak istediğin dağa tırman veya trompet çalmayı öğren. Yağmurda dans et veya yeni bir işe atıl. Müziği sevmeyi öğren, yeni bir dil öğren ve çocukluğundaki hazları canlı tut. Başarı uğruna mutluluğunu feda etme. Onun yerine, neden yaşam akışının tadını çıkarmayasın? Ruhunu canlandır ve ruhunla ilgilenmeye başla. Bu, Nirvana'ya giden yoldur."

"Nirvana?"

"Sivana Bilgeleri gerçek anlamda aydınlanmış ruhların

gidecekleri nihai yerin Nirvana adı verilen bir yer olduğuna inanırlardı. Aslında, bir yerden çok, bilgeler Nirvana'nın onların daha önce bildikleri her şeyi aşan bir durum olduğuna inanırlardı. Nirvana'da her şey mümkündü. Acı yoktu ve yaşam dansı ilahi mükemmellik ile yapılıyordu. Nirvana'ya ulaştıklarında bilgeler Dünyadaki Cennete adım attıklarını hissederlerdi. Bu, onların yaşamdaki son hedefiydi" dedi Julian, yüzü meleksi bir ifade ve huzurla dolmuştu.

Sonra ekledi, "Hepimiz burada özel bir nedenle bulunuyoruz" diye kehanette bulunurcasına. "Kendi gerçek çağrının ve başkalarına nasıl yardım edebileceğin üzerinde düşün. Yerçekiminin kölesi olmayı bırak. Bugün yaşam ateşini tutuştur ve bırak parıltıyla yansın. Seninle paylaştığım ilke ve stratejileri uygulamaya başla. Olabileceğinin en iyisi ol. Nirvana olarak adlandırılan o boyutun meyvelerini senin de tadabileceğin bir an gelecek."

"Aydınlanma düzeyine eriştiğimi nasıl anlayacağım?"

"Oraya ulaştığını gösteren küçük bir ipucu belirecek. Çevrendeki her şeyde var olan kutsallığı fark etmeye başlayacaksın; ay ışığının mükemmelliği, sıcak bir yaz gününde harikulade mavi gökyüzünün cazibesi, bir papatya tomurcuğunun güzel kokusu veya yaramaz küçük bir çocuğun gülüşü."

"Julian, emin olmanı isterim ki benimle geçirdiğin zaman boşa gitmeyecek. Kendimi Sivana Bilgelerinin öğretisiyle yaşamaya adayacağım ve tüm bu öğrendiklerimi mesajından yararlanabilecek olanlarla paylaşma vaadimi yerine getireceğim. Bunları içtenlikle söylüyorum. Sana söz veriyorum" dedim içimde kıpırdanan heyecanı hissederek.

"Bilgelerin zengin mirasını çevrendeki herkese yay. Bu bilgiden çabuk yararlanacak ve yaşam kalitelerini iyileştirecekler, tıpkı senin kendi yaşam kaliteni iyileştireceğin gibi. Yolculuğun zevk almak için yapıldığını da unutma. Yol da tıpkı varılacak yer kadar gibi güzeldir."

Julian yine kaptırmıştı kendini. "Yogi Raman büyük bir

öykü anlatıcıydı ama ondan dinlediklerim arasında birinin yeri ayrıdır. Bunu seninle de paylaşabilir miyim?"

"Kesinlikle."

"Uzun yıllar önce eski Hindistan'da bir maharajah eşi için ona duyduğu derin aşk ve sevgisinin simgesi olarak bir anıt inşa ettirmek istemiş. Adam bunun dünyada benzeri görülmemiş, gökyüzüne dek yükselen ve insanların gelecek yüzyıllar boyunca hayran kalacağı bir yapı olmasını istiyormuş. Bunun üzerine işçileri her gün yakıcı güneşin altında, zorlukla duvarları örmeye başlamışlar. Her geçen gün yapının şekli biraz daha belirginleşiyor, anıta biraz daha benziyor, Hindistan'ın masmavi göğünde aşkın yolunu gösteren bir fener kulesi gibi yükseliyormuş. Geçen yirmi iki yıl boyunca her gün yavaş yavaş ilerleyen çalışmanın sonunda saf mermerden inşa edilen bu saray tamamlanmış. Tahmin et neden söz ediyorum?"

"Hiçbir fikrim yok."

"Tac Mahal'den. Dünyanın yedi harikasından biri" diye yanıtladı Julian. "Anlatmak istediğim şey basitti. Bu gezegendeki her şey bir dünya harikasıdır. Her birimiz şu ya da bu şekilde birer kahramanız. Hepimizde olağanüstü başarı, mutluluk ve kalıcı sonuçlara ulaşma potansiyeline sahibiz. Tüm yapılması gereken düşlerimizin yolunda küçük adımlarla ilerlemektir. Tac Mahal gibi yaşam da gün be gün, küçük parçalar halinde inşa edilen mucizelerle doludur. Küçük zaferler büyük zaferlere yol açar. Sana önerdiklerim gibi küçük küçük biriken değişim ve ilerlemeler pozitif alışkanlıklar kazandırır. Pozitif alışkanlıklar olumlu sonuçlar doğuracaktır. Sonuçlar da seni daha büyük kişisel değişimlere yöneltecektir. Her günü son gününmüş gibi yaşa. Bugünden başlayarak daha çok öğren, daha çok gül ve yapmayı gerçekten sevdiğin neyse onu yap. Yazgını inkâr etme. Karşılaştığın ve karşılaşacağın sorunlar her neyse senin içinde yatanlarla karşılaştırıldıklarında önemsiz kalırlar."

Julian Mantle, bir bilgeye dönüşen milyoner avukat, başka bir şey söylemeksizin kalktı, beni hiç sahip olmadığı kardeşiymişim gibi kucakladıktan sonra oturma odamdan dışarıdaki kavurucu yaz gününün yakıcı sıcaklığına yürüdü. Yalnız başıma oturur ve düşüncelerimi toplamaya çalışırken bu bilge habercinin sıradışı ziyaretinden geriye kalan tek kanıtın önümdeki kahve masasında duran boş fincan olduğunu fark ettim.

Bölüm 13 Uygulamalarının Özeti
Julian'ın Bilgeliğinin Özü

Sembol

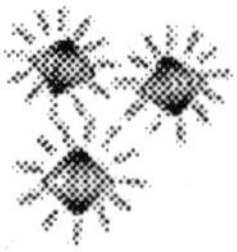

Erdem

Anı kucakla

Bilgelik

- "Anı" yaşa. İçinde bulunduğun anın armağanlarının tadını çıkar.
- Kazanım için mutluluğu asla feda etme.
- Yolculuğun tadını çıkar ve her günü son gününmüş gibi yaşa.

Teknikler

- 'Çocuklarının Çocukluğunu Yaşa'
- 'Şükret'
- 'Kaderini Geliştir'

Alıntı Yapılabilecek Sözler

Hepimiz burada özel bir nedenle bulunuyoruz. Geçmişinin esiri olmayı bırak. Geleceğinin mimarı ol.

Ferrari'sini Satan Bilge

Aydınlanmış Yaşamın 7 Erdemi

Erdem	Simge
1 Zihninin ustası ol	 Muhteşem bahçe
2 Amacını izle	 Fener Kulesi
3 Kaizen'i uygula	 Sumo güreşçisi
4 Disiplinli yaşa	 Pembe kordon
5 Zamanına saygı göster	 Altın kronometre
6 Başkalarına yardım et	 Güzel kokulu güller
7 Anı kucakla	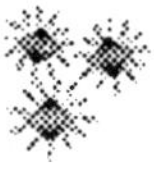 Elmaslarla bezeli yol